企业资源整合视角下

西藏文旅资源整合机制及路径研究

陈璐露 著

ZHEJIANG UNIVERSITY PRESS
浙江大学出版社
·杭州·

图书在版编目（CIP）数据

企业资源整合视角下西藏文旅资源整合机制及路径研究 / 陈璐露著. -- 杭州 : 浙江大学出版社, 2024. 8.
ISBN 978-7-308-25265-2

Ⅰ.F592.775

中国国家版本馆CIP数据核字第20246LW269号

企业资源整合视角下西藏文旅资源整合机制及路径研究

QIYE ZIYUAN ZHENGHE SHIJIAOXIA XIZANG WENLYU ZIYUAN ZHENGHE JIZHI JI LUJING YANJIU

陈璐露　著

责任编辑	顾　翔	
责任校对	张　婷	
封面设计	周　灵	
出版发行	浙江大学出版社	
	（杭州市天目山路148号　邮政编码　310007）	
	（网址：http://www.zjupress.com）	
排　　版	杭州林智广告有限公司	
印　　刷	杭州钱江彩色印务有限公司	
开　　本	710mm×1000mm　1/16	
印　　张	15	
字　　数	169千	
版 印 次	2024年8月第1版　2024年8月第1次印刷	
书　　号	ISBN 978-7-308-25265-2	
定　　价	79.00元	

● 2024 年度基本科研业务费青年科研一般项目（2024YB37）研究成果

● 2024 年产教融合项目"乡创青年"数字化乡村运营人才职业教育培养模式探究研究项目

● 中华职教教育社 2024 年度规划课题"乡村振兴背景下职业院校学生返乡创业模式与路径研究"研究成果

● 浙江省高职教育"十四五"教学改革项目"基于产教融合的高职院校创新创业人才培养体系研究与实践"阶段性研究成果（编号 jg20230148）

● 2022 年省级课程思政示范课程"创新创业指导"（编号 586）

● 2023 年度浙江省产学合作协同育人项目（编号 352）"高职院校创客空间构建策略研究"研究成果

● 浙江省教育厅办公室公布高职教育"十四五"第二批教学改革项目智能技术赋能下的产教融合创新人才培养模式实践研究（jg20240157）

● 浙江省金融教育基金会 2024 年度课题"数字化赋能浙江制造业中小企业转型升级策略研究"（编号 2024Y29）

编写团队

陈敏超　　程淑华　　吕宏程

翁梦宁　　谢林杉　　姚小明

张舒楠　　张羽亮　　朱甜甜

浙江麦远文化科技有限公司

宁波智远文旅科技有限公司

杭州唛扑网络科技有限公司

川藏北线 景观鸟瞰图

在雪域山峰之间，色彩庄重的土筑碉房、石砌碉房、木制崩空和游牧帐篷仿佛从绿树丛中长出。面对终年积雪的神山，纯洁吉祥的青白石砖，神圣高贵的赭红涂料，借着纯净蓝天的映衬，散出袅袅人间烟火，将那五色风马旗吹起阵阵祝福的涟漪。

川藏南线 景观鸟瞰图

拉萨

易贡湖

巴松措

米拉垭口

通麦大桥

南迦巴瓦峰

来堆冰川

318国道

林芝

松赞干布出生地

雅鲁藏布江大峡谷

尼洋曲

墨脱

雅鲁藏布江

横断山脉，九曲n道弯，山中有川，川中有山。盘旋的川藏公路，似一条飘带，时而缠绕于山峰，时而垂坠向谷底。身处谷中，雪岭若浮，车似上天；俯视谷地，大河若线，人似行蚁。

滇藏线 景观鸟瞰图

拉萨

松赞干布出生地

尼洋曲

318国道

雅鲁藏布江

米拉颂口

巴松措

林芝

南迦巴瓦峰

雅鲁藏布大峡谷

墨脱

通麦

乌真湖

　　西南丝绸之路，开启了从大研古镇通往绝尘净域的商道。那隐藏的莲花，那白雪下的经幡，那份雪域独有的精致，那由玛尼堆传播的灵性，潜移默化地引导着高原人民"心中的日月"——不论经历怎样的沧桑，永远都笑对生活、歌舞人生。

青藏线

景观鸟瞰图

新藏线

景观鸟瞰图

　　新藏线的暖季里，大雪纷飞；班公错的四季中，雁鸭遍地。有人称它"死亡之路"，也有人称它"麝香之路"，它是一望无垠的永冻土，它是漫天黄沙的戈壁沙漠，它是常年积雪的崇山峻岭，它是库地的999道弯。

西藏山南线

景观鸟瞰图

藏南谷地，重峦叠嶂：拉姆拉错，天女魂湖。据说朝拜此湖的有缘之人可从湖水幻示的影像中看出神喻的前生和来世。在藏传佛教转世制度中，历代达赖喇嘛、班禅等大活佛的转世灵童，都要到此观湖卜相。西藏的第一个王朝、第一座宫殿、第一部经书、第一块青稞地、第一张毯毡都源于藏南，藏南可谓西藏宗教文化的摇篮。

中尼线 景观鸟瞰图

嘉错拉垭口

通达拉垭口

318国道

定日

樟木

加德满都

珠穆朗玛峰
8848.86米

珠峰大本营

喜马拉雅山

喜马拉雅，雪的故乡；珠穆朗玛，第三女神。20亿年前的古地中海，在整个漫长的地质时期，经历了地壳运动、造山运动、构造运动，终于碰撞出令人惊叹的奇景。深不可测的河流峡谷、深深切割的高山冰川、植被鲜明的山带特征，这是神秘的净域，也是神圣的天路域。

唐蕃古道

景观鸟瞰图

　　有一位新娘在这条古道上，一走就走了 1000 多个日夜，星空为幕，山川为景。日月山下，清泪两行，倒淌河流，青海湖成。"苦海"不苦，水草丰茂，牛羊成群，野花碧海，水天一色中充满静谧与灵性，是为"纳苦之海"。

拉萨 景观鸟瞰图

目　录

第
一
章

绪
论

企业资源整合视角下
西藏文旅资源
整合机制及路径研究

第一节　研究背景和意义

一、研究背景

（一）西藏文旅资源丰富多样

西藏自治区位于中国西南边陲，地域辽阔，地貌类型多样，自然景观奇特壮美，孕育了独特的民族文化，形成了丰富多彩的文化旅游资源。西藏拥有珠穆朗玛峰、纳木错、雅鲁藏布大峡谷等举世闻名的自然景观，还有布达拉宫、大昭寺、扎什伦布寺等宗教圣地和人文景观，这些景观集中体现了雪域高原的地域特色和藏族文化的独特魅力。

1. 自然旅游资源独具特色

西藏地处青藏高原，平均海拔约 4000 米，有着得天独厚的自然禀赋和景观资源。在茫茫雪域高原上，雪山冰川、高原湖泊、峡谷河流、森林草原交相辉映，形成了西藏独特的自然景观。据统计，西藏共有 7 座海拔在 8000 米以上的高峰，占全球总数的一半；冰川面积达 2.74 万平方公里，占全国冰川总面积的 46.7%；湖泊面积 250 多万公顷，占全国湖泊面积的 30%；有雅鲁藏布江、怒江、澜沧江等十多条大河流经。这些自然资源举世无双、蔚为壮观，构成了西藏旅游"皇冠上的明珠"。

其中，珠穆朗玛峰是世界上海拔最高的山峰，以"世界之巅"的雄伟冲天姿态屹立，令人心驰神往。据统计，2019 年，近 6 万名中外游客到访珠峰景区，景区总收入达 1.23 亿元。

"纳木错"藏语意为天湖，是世界上海拔最高的大湖，湖面海拔 4718 米，东西长 70 公里，南北宽 30 公里，面积为 1920 平方公里，是西藏三大"圣湖"之一。湖水清澈透明，能见度达 12 米，是罕见的低矿化度淡水湖。夏季，湖畔雪山倒映水中，白云悠悠，水鸟翱翔，景色瑰丽如画。每年都有大量朝圣者围绕纳木错转经，他们虔诚地跪拜在湖边，祈求神灵保佑。近年来，纳木错景区先后被评为国家 AAAAA 级旅游景区、国家地质公园等，已成为西藏最负盛名的旅游品牌之一。2019 年，纳木错景区游客接待量突破 100 万人次，实现旅游收入 1.2 亿元，极大地带动了周边地区的社会经济发展。

雅鲁藏布大峡谷是世界上最长、最深的峡谷，全长 504.6 公里，两侧高峰与谷底相对高差达 6009 米，被誉为"世界第一大峡谷"。雅鲁藏布大峡谷气势磅礴，奇峰险崖、飞瀑流泉，无不令人惊叹大自然的神奇力量。游客既可以在谷底感受幽深峡谷的壮阔，又可以在谷顶领略雪山冰川的秀美。近年来，西藏大力实施雅鲁藏布大峡谷生态环境保护和旅游开发，修建了观景平台、游步道、游客服务中心等配套设施，推出了峡谷漂流、徒步穿越等特色旅游项目，使雅鲁藏布大峡谷的知名度和美誉度大大提升。2017 年雅鲁藏布大峡谷景区成为国家 AAAAA 级旅游景区，2018 年游客接待量突破 120 万人次，跻身西藏旅游"第一方阵"。未来，雅鲁藏布大峡谷旅游将继续保持快速增长，成为西藏对外开放和生态文明建设的重要窗口。

除了气势恢宏的自然景观，西藏还拥有众多小众、野奢的自然旅游资源。在西藏广袤无垠的土地上，散落着无数"野生秘境"。巴松措、普莫雍错、羊卓雍错等高原圣湖，墨脱、波密的喜马拉雅山地雨林，那曲、阿里的茫茫草原，林芝、山南的原始森林，这些都是难得一见的自然旅游资源，对喜欢探险、向往自然的游客具有极强的吸引力。据统计，2021年西藏自治区生态旅游景区游客接待量达1527.79万人次，同比增长19.8%，生态旅游已成为西藏旅游的重要特色和增长点。

从高原湖泊到雪域冰川，从峡谷河谷到原始森林，西藏自然旅游资源可谓应有尽有，而且大多保持着原始状态，生态环境质量极高。近年来，西藏坚持生态优先、绿色发展，严格规范旅游开发建设，确保自然生态景观不受破坏。同时，不断完善生态补偿机制，鼓励原住民参与发展旅游业，让绿水青山源源不断带来"金山银山"。在"绿水青山就是金山银山"理念指引下，西藏已成为名副其实的"高原公园""天然氧吧"，为全国乃至全球游客提供了回归自然、陶冶情操的精神家园。可以预见，未来将有越来越多的游客走进西藏，在高原雪域体验返璞归真的乐趣，在人与自然和谐共生中洗涤和升华心灵。

2. 人文旅游资源源远流长

西藏是一方人文旅游胜地。经过几千年的积淀，西藏形成了以藏传佛教为核心，集苯教等多元信仰于一体的独特的宗教文化，同时还孕育出灿烂辉煌的藏族传统文化。这些历史悠久、博大精深的人文资源与西藏雄浑壮阔的自然景观交相辉映，构成了西藏旅游的独特魅力。

　　首先，西藏宗教文化源远流长、璀璨夺目。藏传佛教是西藏最重要的宗教，有 1000 多年的传承历史。千百年来，藏传佛教深刻影响着西藏各族人民的精神生活，形成了举世无双的宗教艺术瑰宝。位于拉萨的布达拉宫是世界上海拔最高的宫殿，也是藏传佛教的圣地。作为历代达赖喇嘛的冬宫居所，布达拉宫集藏式建筑、雕塑、壁画的精华于一体，是藏文化的象征，每年吸引了数百万名中外游客前往瞻仰。大昭寺位于拉萨老城区中心，始建于 7 世纪，是藏传佛教信徒心中的圣地，也是拉萨的标志性建筑。大昭寺内供奉着众多珍贵的佛教文物，如释迦牟尼等身金像、五世达赖喇嘛灵塔等，每年接待朝拜的信徒和游客达数十万人次。日喀则的扎什伦布寺是"后藏三大寺"之一，是历代班禅额尔德尼的驻锡之地，拥有诸多极其珍贵的佛教文物，如历世班禅灵塔、《丹珠尔》等，是藏传佛教格鲁派的重镇。这些雄伟庄严的寺院建筑、精美绝伦的佛教艺术，是西藏人文旅游的核心资源。

　　其次，历史人文遗迹价值突出。西藏是吐蕃王朝发源地，积淀了丰富的历史文化遗存。上述宗教圣地亦是历史名胜古迹，它们承载着西藏悠久的历史脉络，展现了西藏社会的发展变迁，具有极高的历史价值和旅游价值。

　　再次，西藏民俗文化旅游独具特色。西藏是一个多民族聚居区，除了藏族，还有门巴、珞巴等 30 多个世居少数民族，他们在生产、生活中形成了丰富多样的民俗文化。比如，光藏族民俗节庆就有上百种，雪顿节、旺果节等久负盛名。节日期间，民众欢聚一堂、歌舞不断，场面十分热闹喜庆。藏历新年是藏族人民最隆重的节日，拉萨的"狮舞迎春""跳神赛会"

等民间活动吸引了大量游客参与。又如，藏戏、锅庄、弦子等传统艺术形式，既有浓郁的地方特色，又有鲜明的时代气息，堪称西藏亮丽的文化名片。再如，西藏各地开发了不少民俗体验游产品，如藏北牧歌之旅、山南民俗风情游等，让游客在参与互动的过程中感知藏族文化的独特魅力。

最后，西藏还有众多弥足珍贵的非物质文化遗产。目前，西藏共有国家级非遗 105 项，涵盖民间文学、传统音乐、传统舞蹈、传统美术、传统技艺、传统医药等门类。格萨（斯）尔、藏戏、藏医药浴法等一大批"活化石"级的非遗项目，历经数百年甚至上千年的传承，成为西藏民族文化的瑰宝。苯教艺人通过说唱、弹奏等形式，将世界上最长的英雄史诗《格萨尔王传》代代相传。藏戏融说唱、舞蹈、杂技于一体，表演形式丰富多彩，剧目内容取材于藏族民间传说、佛教故事等。西藏非遗资源价值巨大，既是历史文明的根脉所系，又是当代文化创新的富矿。近年来，西藏大力推进非遗资源的生产性保护，努力实现"保护为主、抢救第一、合理利用、传承发展"的工作格局，让一批珍稀非遗项目重新焕发生机，通过举办非遗节、评选传承人等，极大地提高了公众对非遗的认知度、参与度。非遗传承与旅游开发相结合，一批极具特色的非遗旅游景区、线路、产品应运而生，深受游客欢迎。

总的来看，西藏人文资源极为丰富，在中华文化宝库中独树一帜、熠熠生辉。这些璀璨的文化遗产以其鲜明的地域特色、厚重的历史底蕴、神奇的艺术魅力，吸引着海内外游客前来探幽访胜、寻根问祖。近年来，西藏坚持在传承中创新，在创新中发展，积极推动中华优秀传统文化的创造性转化和创新性发展，大力发展文化体验游、研学旅行等新业态，让历史文化在现代语境中绽放出新的光彩。未来，随着文旅融合的纵深推进，西藏必将成为弘扬中华优秀传统文化的示范区，以及彰显文化软实力的重要基地，在讲好中国故事、传播好中国声音的过程中，展现中国大国风范，彰显文化自信。

（二）西藏发展政策大力支持

2021 年 7 月，在西藏和平解放 70 周年之际，习近平总书记来到雪域高原。在西藏考察期间，习近平总书记强调，要全面贯彻新时代党的治藏方略，坚持稳中求进工作总基调，立足新发展阶段，完整、准确、全面贯彻新发展理念，服务和融入新发展格局，推动高质量发展，加强边境地区建设，抓好稳定、发展、生态、强边四件大事，在推动青藏高原生态保护和可持续发展上不断取得新成就，奋力谱写雪域高原长治久安和高质量发展新篇章。这为西藏大力发展生态文化旅游，打造国家生态文明高地，实现经济发展和生态保护双赢指明了方向。

为贯彻落实党中央决策部署，国家发展改革委、文化和旅游部等部委密集发文，从规划、土地、资金、人才、管理等方面加大对西藏文旅融合的支持力度。国家发展改革委会同西藏自治区编制了"十四五"时期西藏重点文化和旅游项目建设方案，纳入了珠峰景区、纳木错景区等一大批标志性文旅工程，总投资规模有望突破 500 亿元。一系列国字号"帽子"和战略机遇叠加，必将释放巨大的政策红利。

党中央、国务院支持西藏生态文化旅游发展的重大政策举措，为西藏厚植文化根基、扩大文旅产业规模、打造特色品牌提供了强大政策支撑。紧扣国家战略部署，西藏自治区党委、政府将全域旅游示范区创建、国家生态文明建设示范区打造、边境旅游试验区建设等作为文旅融合发展的重要工程来抓，出台了《西藏自治区"十四五"时期旅游综合发展规划》《西藏自治区"十四五"时期特色文化产业发展规划》等一系列支持政策，谋定后动，大刀阔斧，布局落子，全面推进。各市、县（市、区）认真贯彻中央和自治区的决策部署，制定实施一揽子政策措施，为推动文旅融合高质量发展注入强大动力。

党中央和自治区党委对新发展阶段西藏文旅事业发展的战略谋划，让我们深刻认识到西藏文旅发展面临的重大机遇。当前，西藏文旅事业发展呈现百花齐放、蓬勃发展的生动局面，为提升西藏在全国、全域旅游发展版图中的地位奠定了坚实基础。

二、问题的提出

当前，中国已转向高质量发展阶段，大众文化和旅游消费需求日益升级，文化和旅游的有机融合已成为满足人民美好生活向往的必然选择。西藏拥有极为丰富的文化和旅游资源，近年来文旅产业发展势头喜人，但也必须清醒地认识到，在推动文旅融合发展方面，西藏还存在诸多短板和困难，亟须在体制机制、发展思路、开发模式等方面寻求突破，特别是要注重发挥市场在资源配置中的决定性作用，充分调动社会各方面的积极性，形成推动文旅融合发展的强大合力。

（一）西藏文旅资源整合面临的挑战

1. 文旅发展模式粗放

西藏文旅发展模式粗放。长期以来，西藏大多数景区、景点在开发建设中"千篇一律""万景一面"，缺乏特色鲜明、形式新颖的旅游产品，难以满足游客对多样化、个性化旅游体验的需求。如西藏丰富的藏戏、藏歌舞等非遗资源，在旅游演艺开发中同质化问题就较为突出。对许多文化资源挖掘不够，使得旅游产品的文化内涵不足。广大的文化资源、非物质文化遗产还"养在深闺人未识"，独具特色的高原风情、传统生活方式等未能得到充分展现。游客游览往往流于表面，难以深度领略西藏的地域风情，感受藏文化的独特魅力。如世界上最长的英雄史诗《格萨尔王传》尚未真正活化为旅游IP，缺乏被转化为戏剧、影视、动漫等文旅消费产品的成功案例，传承弘扬面临困境。

这种粗放型的发展模式，一方面造成了人气景区"人满为患"、冷门景区"门可罗雀"的两极分化现象，游客体验大打折扣。如布达拉宫、大昭寺、纳木错等少数知名景区人满为患，而一些小众、冷门景区门可罗雀，客流分布极不均衡，大量投资进入少数知名景区。另一方面，景区的辐射带动作用未能充分发挥，周边社区、村落的发展活力不足。如何创新旅游产品供给，加快文化资源旅游化、旅游产品文化化步伐，形成文旅资源错位发展、互为补充的良性格局，是西藏文旅资源整合必须破解的难题。

2. 区域文旅资源整合统筹力度有待加大

受地域广阔等因素影响，西藏文化和旅游资源在空间上呈现碎片化分布，条块分割和行政壁垒竞争等问题长期存在。

首先，受行业管理体制机制约束，区域内缺乏统筹文旅资源整合开发的协调机制。近年来，虽然统一的文化和旅游管理体制机制改革基本完成，但原有的条块分割、多头管理问题还未完全解决。在旅游资源开发、文旅项目建设、文旅市场监管等方面，部门间、区域间统筹协调的制度化、常态化机制尚未真正建立。特别是西藏辖区辽阔，不同区域、不同景区的文旅产品主题、业态趋同，区域文旅一体化发展水平有待进一步提升，文旅发展的协同效应没有得到充分发挥。

其次，西藏虽已成立了旅游发展厅，但受原有管理体制惯性影响，在文旅资源整合、项目策划、市场监管等方面统筹协调的力度还不够，一体化发展的合力尚未完全形成。如何强化顶层设计，在空间规划、基础设施、公共服务、市场开发等方面加强区域联动，是需要解决的难题。

最后，文旅资源整合主体参与资源整合的主动性不强。在文旅市场竞争日趋激烈的新形势下，抱团取暖、强强联合是文旅资源整合主体做强、做优、做大的必由之路。但目前西藏有一定实力和影响力的文旅资源整合主体还不多，多数资源整合主体规模较小、综合实力不强，参与本区域乃至跨区域文旅资源整合的能力有限。特别是许多国有文旅资源整合主体经营机制不活、发展活力不足，对文旅资源整合缺乏敏锐的市场嗅觉和前瞻性的战略布局。大资源整合主体不愿为，小资源整合主体不敢为，许多可以通过联合重组盘活的闲置文旅资源"睡"在账上。

3. 文旅消费升级带来市场竞争新挑战

文旅消费已经进入体验时代，但当前西藏文旅产品仍以观光游览为主，参与性、体验性、互动性不足。文化体验游、康养度假游等新业态发展还处于起步阶段，沉浸式场景、互动式项目供给明显不足。VR、AR、人工智能、5G等现代科技在文旅场景中的应用程度不高，游客的获得感、幸福感有待进一步提升。"旅游+"跨界融合尚未成气候，与体育、康养、非遗等深度融合的文旅新业态、新模式还不多见。如何发挥品牌引领作用，在"蓝海"中培育新的增长点，用创新驱动文旅产业高质量发展，是西藏文旅产业升级的紧迫任务。

同时，随着各地文旅基础设施的逐步完善，交通通达能力的大幅提升，区域间联动更加紧密，文旅市场竞争日趋激烈。一些发达省市纷纷打造高端酒店、特色民宿，开发康养度假、研学旅行等新业态、新产品，抢占文旅消费升级的先机、制高点。对标新形势、新任务，西藏必须主动作为、奋起直追，不断推陈出新，以高品质供给引领高品质消费。这对西藏文旅产业转型升级提出了新的、更高的要求，如何在更大范围、更高水平、更深层次上推进文旅融合发展，成为事关长远、刻不容缓的重大课题。

（二）西藏文旅资源整合主体资源整合能力面临挑战

面对新发展阶段的新机遇、新挑战，促进文化和旅游资源高效整合，推动文旅产业高质量发展，迫切需要发挥好文化和旅游市场资源整合主体的关键作用。长期以来，西藏文旅资源整合主要依靠政府力量，文旅资源市场化程度不高，产权多元化水平不高，文旅资源整合主体参与的广度和深度不够。文旅产业要真正成为西藏的优势产业和支柱产业，必须按照市场化方向，加快推进文旅资源市场化配置，通过资源整合主体兼并重组、混合所有制改革等方式，推动人才、技术、资本等高端要素在西藏文旅产业集聚，推动政府和市场、国有和民营、本地和外来优势互补，构建企业主导文旅资源整合、多元资源整合主体参与、跨界融合发展的资源整合新格局。

同时，要加强西藏与其他地区文旅资源整合主体的深度合作。支持东中部优势资源整合主体与西藏文旅资源整合主体组建股份制公司，整合景区、酒店等优质资产，做大、做强航空、酒店等关联产业，带动西藏文旅产业集群发展。鼓励其他地区知名文旅资源整合主体在西藏设立分支机构、合资公司，参与西藏重点文旅项目投资运营，带来先进理念、成熟模式、优秀人才，为西藏文旅产业注入新鲜血液，提供智力支持。

三、研究的意义

本书将从资源整合视角，打开资源如何转化为绩效的黑匣子，以全域旅游为抓手，放大"旅游＋"效应，为将西藏打造成点、线、面结合，城、景、村一体，集观光、度假、康养等多功能于一体的休闲旅游目的地提供对策建议。本书的出版有以下意义。

（一）理论意义

1. 从决策逻辑出发研究资源整合行为，丰富了资源整合的研究

以往对成功资源整合主体的经验的研究总结，引导我们关注成功资源整合主体的具体行为特征。这虽然在一定程度上给予学者一些启发与思考，但是实践者仍不能举一反三。因为同样的行为，由不同的资源整合主体实施，结果往往大相径庭。故而我们更需关注资源整合行为背后的决策逻辑。本书聚焦行为背后的决策方式，从存在的两种决策逻辑——效果推理理论、因果推理理论出发，对资源整合方式进行效果推理型资源整合与因果推理型资源整合的划分。

2. 拓展了效果推理理论的研究范围

效果推理理论由美国教授Saras Sarasvathy提出，是一次针对因果推理理论的修正。效果推理理论聚焦行动导向和控制导向，引发了研究领域的广泛关注。不同学者对效果推理理论研究及效果推理与其他变量的关系研究进行了深化和发展。目前国外有关效果推理理论的研究主要分为四类：一是效果推理理论的效度检验和操作研究；二是考察效果推理理论与因果推理理论在实践过程中的模式差异；三是致力于分析效果推理的前置效应等；四是试图揭示效果推理对新创资源整合主体绩效的作用机制等。

国内学者张玉利和赵都敏考察了环境不确定性对效果推理产生的影响；秦剑对效果推理理论的实证研究进行了述评；段锦云和田晓明等对效果推理的概念和内容进行了详细评论；金健将效果推理理论运用于人力资源管理方面；方世建和杨双胜、崔祥明将效果推理理论运用于教育领域。而本书将效果推理理论运用于资源整合领域，丰富了该理论的研究范围。

3. 引入网络作为调节变量，丰富了资源整合对新创资源整合主体绩效影响的研究情境

资源整合对新创资源整合主体绩效的影响得到了学者的广泛关注。蔡莉、董保宝等学者都认为整合能使资源整合主体的资源集合起来，形成能力，进而促进资源整合主体绩效的提高。但在不同的情境因素影响下，资源整合对绩效的影响机制是完全不同的。虽然D. G. Sirmon、M. A. Hitt和R. D. Ireland，以及尹苗苗和马艳丽研究了外部环境如何影响资源整合方式的选择，肖坚石研究了导向对各种资源整合方式的影响；蔡莉和尹苗苗从组织学习的角度研究了新创资源整合主体的学习能力如何影响资源整合方

式的选择……但从网络角度来研究资源整合方式的尚不多。因此，本书选取网络作为变量，能够丰富资源整合的研究情境。

（二）实践意义

面对上述挑战，西藏文旅产业要实现高质量发展，迫切需要创新文旅资源整合模式，充分发挥市场机制作用，大力促进文旅企业参与文旅资源要素的深度整合，通过资本链、产业链、价值链的有效对接，促进人才、技术、资本等高端要素在西藏文旅产业集聚，构建要素协同、主体联动、多方共赢的文旅资源整合新格局，为西藏文化旅游融合发展注入强大动力。而本书无疑对西藏文旅资源整合具有一定的实践意义。

1. 为西藏破解文化和旅游资源错配闲置难题提供实践指引

长期以来，西藏在文化资源富集、旅游资源得天独厚的同时，也面临着文化旅游资源开发利用不够、文旅产业发展水平不高的突出矛盾。究其原因，核心是文旅企业市场主体作用发挥不充分，缺乏创新驱动、跨界融合的发展活力。本书拟在梳理西藏文旅产业发展现状的基础上，深度剖析阻碍文旅企业参与文旅资源整合的体制机制障碍，提出完善企业主导的文旅资源市场化配置机制、激发文旅企业内生动力的政策建议，为西藏破解文旅资源错配闲置难题，推动文旅资源优势向发展优势转化提供实践指引。

2. 为西藏文旅融合发展模式和路径创新提供决策参考

中国正处于全面建设社会主义现代化国家新征程的重要时期，加快文化旅游融合发展是西藏参与社会主义现代化建设的关键一步。本书立足西藏实际，对标国内外文旅融合发展的经验，分析西藏文旅融合发展的创新空间，提出打造特色文旅产业生态、推动文旅与康养等融合的对策建议，力求为西藏因地制宜培育文旅融合发展新业态、新模式提供有益借鉴。研究成果可为自治区党委、政府出台顶层文旅融合发展规划提供前瞻性、建设性的决策参考，为加快构建西藏特色现代文旅产业体系提供智力支持，助推西藏在全国文化高地、旅游胜地建设中争先进位。

3. 为西藏培育文化和旅游市场主体提供政策支撑

创新驱动、融合发展已成为文化和旅游产业发展的时代主题。发挥市场在西藏文旅资源配置中的决定性作用，关键要在深化文旅市场化改革、优化营商环境上持续发力，激发文旅企业创新创造的内生动力。本书拟在剖析制约西藏文旅企业发展的深层次体制机制障碍基础上，提出深化文旅国企改革、推进混合所有制发展、加大财税金融支持等政策建议。同时，梳理总结跨区域文旅企业合作与交流的新模式、新路径，为西藏培育一批富有创新活力和竞争实力的文旅市场主体提供政策支撑，加快形成文旅资源流动配置新格局，推动西藏在参与区域性文旅合作与竞争的过程中不断做优做强。

4. 为打造西藏文化旅游国际品牌提供战略指引

当前，全球范围内正在兴起一股"重识西藏""向往西藏"的文化旅游热潮。西藏文化独具魅力，旅游资源富集多样，在国际市场极具开发潜力，但目前其在国际市场的知名度和美誉度与西藏深厚的文化底蕴和独特的旅游资源不相匹配。本书将对标国际文化旅游发展趋势，分析提炼西藏在参与共建"一带一路"国际文化交流、塑造人类命运共同体中的独特资源优势，提出创新国际文旅交流合作机制、打造全球文化体验目的地的对策建议，为提升西藏文化的国际影响力、讲好西藏故事、传播好西藏声音，在更大范围、更高层次、更深层面推动西藏融入全球文旅产业体系提供有益启示，为打造"圣洁西藏"国际文化旅游品牌提供战略指引。

第二节　研究综述

一、国内外研究综述

（一）资源整合研究

资源整合理论起源于 20 世纪 80 年代，经过 40 年发展，已日臻成熟。B. Wernerfelt最早提出资源基础观，指出竞争优势来自对稀缺性资源的占有。此后，T. B. Barney 从资源异质性视角，提出VRIO分析框架，即资源只有具备价值性（value）、稀缺性（rareness）、不可模仿性（inimitability）和组织支撑性（organization），才能形成持续竞争优势。D. J. Teece 等提出动态能力理论，强调应通过感知、学习、整合、再造等动态过程，实现内外部资源的优化配置，从而塑造竞争优势。进入 21 世纪，学者们进一步丰富了资源整合主体资源整合研究的分析路径。D. G. Sirmon 等构建了"资源管理过程模型"，资源管理包括资源结构化、资源捆绑和资源杠杆三个阶段，揭示了资源转化为竞争优势的动态过程。C. E. Helfat 等引入联盟视角，考察了联盟伙伴资源异质性与互补性对资源共享的作用机理。K. E. Meyer 等分析了新兴市场国家制度环境对跨国公司子公司资源获取的影响。

国内学者对资源整合的研究方兴未艾。一是理论溯源。王华等回顾了资源整合的演进脉络，指出资源整合能力是把分散资源盘活，是资源整合主体核心竞争力的关键。杜晓莉比较了资源基础论、核心能力论、动态能力论的异同，指出在动态能力视角下资源整合的关键在于动态性、持续性、互补性。二是整合模式。谢佩洪等提出，混合所有制改革是国有资源整合的重要抓手，要推进股权多元化，建立灵活高效的市场化经营机制，以实现国有资源的优化配置和高效利用。李鹏等指出，兼并重组是外延式扩张、实现资源优化配置的重要方式，但需注重绩效评估，防范并购风险。三是整合路径。刘东明等构建了资源整合主体资源整合的过程模型，包括资源获取、资源利用、资源再造三个环节，提出资源整合要与战略制定、组织变革、产业升级同步推进。王如山等以海尔集团为例，剖析了跨国公司全球资源"精准获取、动态优化、协同利用"的整合路径，为后发资源整合主体跨国并购提供了借鉴。

从已有的文献来看，现有研究多将资源整合定义为资源整合与资源利用的过程集合。D. G. Sirmon和G. David认为资源整合是对不同层次、不同结构、不同内容的资源进行选择、汲取、配置、激活和有机融合的过程。该过程可被分为资源识别与选择、资源获取、资源开发及融合三大环节。中国学者饶扬德则将其分为资源识别与选取、资源汲取与配置以及资源激活与融合三个环节。董保宝将资源整合过程分为资源识别、获取、配置以及利用四个环节。尽管在资源整合过程的划分上有所不同，但对资源整合的过程是对原有的资源体系进行重构以形成新核心资源体系的过程这一理解，大多数研究者是认可的。同时，汪秀婷、程斌武指出，这类研究并不能区分资源整合与资源利用在形成竞争优势过程中起到的作用。资源整合的研究多为对资源整合效果的研究，较少有研究把资源整合看作决策行为。上述研究丰富了资源整合研究的理论体系，但鲜有学者将其应用到分析文化旅游资源整合主体资源整合行为的过程中。

（二）文旅资源整合研究

1. 文旅资源整合内涵研究

国内学者对文旅资源整合内涵的理解大致可分为三种。一是基于资源视角，认为文旅资源整合就是在宏观政策引导下，以文化资源、旅游资源为对象，按照一定目标，开展空间、时间、产业等方面的优化组合，实现资源保护和利用相统一的过程。如王群认为，文旅资源整合是在全域视野下，对文化、旅游资源进行系统梳理，并通过资源整合主体整合、空间整合、产业整合等途径，实现文旅资源市场化配置、产业化开发、集约化利用的系统工程。二是基于融合视角，强调文化和旅游在发展过程中相互渗透、相互促进、深度融合，资源整合是实现文旅融合发展的重要基础和前提。如陆林等提出，文旅资源整合是在文旅融合发展背景下，以资源为纽带，通过政府引导和市场资源整合主体参与，对文化资源和旅游资源进行优化配置，推动文旅产品创新、业态培育、跨界融合的动态过程。三是基于产业视角，侧重研究文化产业、旅游产业资源要素在产业链重构中的整合路径。如田明华指出，文旅资源整合是以产业融合为导向，通过内容创意、IP开发、供应链协同等方式，推动文化、旅游产业价值链横向拓展、纵向延伸，催生跨界融合的复合型产业生态系统。

本书认为，文旅资源整合的实质是对文化资源和旅游资源进行跨地域、跨部门、跨业态的系统性重构，其核心要义在于：一是空间上的一体化配置，即坚持全域理念，在国家、区域、景区等不同空间尺度，对文化资源、旅游资源及其关联资源进行统筹谋划，实现城乡、区域、景区联动，形成错位发展、各展所长的文旅资源空间布局；二是产业上的深度融合，即推动文化产业和旅游产业在更大范围、更高层次、更深程度上实现融合发展，做强文化旅游产业链，打造跨界融合的复合型产业生态；三是利益上的协同共享，即创新利益协调机制，处理好政府与市场、开发与保护、当地与外来的关系，实现多元主体共建、共享文旅发展成果。

基于上述理解，本书界定了文旅资源整合的内涵：以提升文旅资源综合效益为目标导向，在全域理念指引下，立足文化和旅游资源的内在关联，通过体制机制创新、模式业态创新，推动文化资源、旅游资源、社会资源的优化组合，实现文旅资源保护性开发、创新性利用和高质量转化的过程。其要义在于以下三点。一是文旅并举。坚持以文塑旅、以旅彰文，在文旅资源保护、开发、利用全过程贯穿文化引领，突出文化特色，发挥文化软实力。二是创新驱动。要在更大范围优化文旅资源配置，必须充分发挥市场在资源配置中的决定性作用，创新体制机制，推动文旅与科技、金融、康养等进行跨界融合，提升文旅发展的创新力和竞争力。三是利益均沾。切实保障文旅资源所在地社区、村民的合法权益，建立合理利益分享机制，做到保护、开发和富民三赢。

2. 文旅资源整合模式研究

不同区域、不同发展阶段的文旅资源整合模式存在显著差异。总的来看，国内学者主要聚焦区域协同、城乡统筹、跨界融合等层面。在区域协同方面，王晓英等提出打造区域性文旅资源战略联盟，建立区域文旅资源、客源信息共享机制，联合开发区域精品旅游线路。张月等以湖南武陵山片区为例，构建了"一心两翼、四区联动"的区域文旅资源整合模式，强调发挥区位、交通、生态、文化等综合资源优势，推动多区联动、错位发展。在城乡统筹方面，陈志永等以重庆市酉阳县为例，分析了全域视角下文旅小镇建设的组织模式和实现路径，强调系统整合县域文旅资源、统筹城乡文旅协调互动发展的重要性。王丽娟等提出江南水乡古镇文旅资源的嵌入式整合路径，强调发挥古镇人文底蕴深厚、交通区位优越的比较优势，内嵌周边乡村文旅资源，实现"以镇兴村、以村美镇"。在跨界融合方面，刘思明等以重庆武隆喀斯特地貌景区为例，分析了文旅与体育、康养等跨界融合发展的动力机制，提出打造国际山地户外运动小镇、世界喀斯特地质公园的融合发展路径。王莉等以北京世园会为例，剖析了会展与文旅跨界融合的资源基础、产业链条、发展模式，提出打造会展文旅示范区的政策建议。

3. 文旅资源整合机制构建研究

国内学者普遍认为，健全完善文旅资源整合的体制机制，是破解资源错配难题、实现文旅融合发展的关键所在。在规划引领机制方面，王兴斌等提出，推动文旅资源市场化配置，必须坚持规划先行，制订文旅资源保护传承利用专项规划，明确时间表、路线图，为文旅资源整合提供蓝图指引。在统筹协调机制方面，徐红罡等强调，推进文旅资源整合，要发挥党委政府的统筹作用，成立文旅融合发展委员会，健全部门协同、上下联动、多方参与的工作机制。在市场配置机制方面，韩方明等指出，要处理好政府与市场的关系，建立文旅资源产权交易机制，放活文旅要素，调动社会资本参与的积极性。在利益协调机制方面，张洁等提出，在推进文旅资源整合过程中，要平衡好当地政府、社区居民、经营主体、游客等不同利益主体的诉求，探索收益共享、多方共赢的利益协调机制。

（三）西藏文旅产业发展研究

从空间分布来看，西藏旅游资源呈现明显的不均衡性。拉萨、林芝、山南三地汇集了 50% 以上的旅游资源点，形成了拉萨文化旅游核心区、林芝生态旅游核心区、山南红色旅游核心区等，而那曲、阿里、昌都等地的旅游资源开发相对滞后。

旅游资源空间格局的形成是自然因素与人文因素综合作用的结果。从自然因素看：拉萨、林芝、山南三地地处藏南河谷地区，海拔相对较低，水热条件优越，孕育了色季拉山、纳木错、巴松措等秀丽山水；而那曲、阿里、昌都地处藏北高原，海拔普遍在 4500 米以上，自然条件相对恶劣。从人文因素看：拉萨历史上长期是西藏政治、经济、文化中心，积淀了布达拉宫、大昭寺等丰富的人文遗存，山南是吐蕃王朝发源地，拥有桑耶寺、雍布拉康等历史名胜；而那曲、阿里、昌都受地理环境制约，经济社会发展相对滞后，人文旅游资源禀赋不如藏南地区。此外，拉萨、林芝、山南位于青藏铁路、川藏公路等交通干线沿线，交通便利度较高，这也是影响旅游资源空间分布格局的重要因素。

国内学界对西藏文化旅游的关注由来已久。董觉等较早对西藏旅游资源的空间分布格局进行了系统梳理，揭示了西藏旅游资源类型多样、组合丰富，但存在区域发展不平衡等问题。龙宇分析了西藏旅游资源开发存在同质化现象严重、品牌意识淡薄等问题，提出要创新土地流转模式，创新旅游扶贫机制，延伸旅游产业链条。田明贵等基于宏观政策视角，分析了西藏全域旅游示范省创建面临的突出矛盾，提出创新文旅融合发展路径的政策建议。张蓉等分析了西藏非遗文化资源的旅游开发模式，指出藏医药浴法、藏戏、唐卡等非遗旅游化的关键是坚持"保护第一，合理利用"，加强非遗传承人培养。丁涛等分析了西藏与"一带一路"共建国家开展文化旅游交流合作的资源基础，提出打造环喜马拉雅经济带知名文化旅游目的地的建议。

二、研究述评

总的来看，随着加快西藏文化旅游资源市场化整合的进一步推进，推动文旅与关联产业融合发展，已成为新时代西藏文旅高质量发展的重大课题，迫切需要学界立足西藏实际，在文旅资源整合模式、资源整合主体跨界融合路径、区域协调发展战略等方面开展深入研究，为西藏文旅产业转型升级提供强有力的理论支撑和智力支持。本书拟在梳理国内外文献的基础上，紧扣西藏文旅资源整合面临的突出矛盾，以资源整合理论为分析工具，立足全区视野，谋划西藏文旅资源整合，力求在丰富资源整合理论、拓展西藏文旅产业发展路径选择等方面有所突破，以期为西藏文旅融合高质量发展贡献绵薄之力。

综合考察国内外相关研究，可以看出文旅资源整合已经成为学界的研究前沿和热点议题。国外学者构建了较为成熟的资源整合主体资源整合理论分析框架，如动态能力理论、资源管理过程模型等，但关于如何将其运用到文化、旅游资源的整合，现有研究还鲜有涉及。

相比之下，国内学界对文旅资源整合的关注起步较晚，但研究视角更加多元。一是从宏观政策层面，提出了一系列推进区域文旅资源整合的规划引领、统筹协调机制；二是从中观区域层面，总结提炼了文旅资源整合的典型模式，如城乡统筹、区域协同等；三是从微观资源整合主体层面，分析了文化、旅游资源整合主体跨界资源整合的模式、路径和动力机制。但关于西藏文旅资源整合，国内研究也存在一些不足，具体体现在以下方面。

（一）对西藏文旅资源整合的系统性、前瞻性研究还不够深入

目前的研究大多聚焦西藏某一景区或某一领域的文旅融合问题，较少从全区视角对西藏文旅资源整合进行系统谋划。对特色文旅小镇、文旅园区等新业态培育的前瞻性研究还不够深入，对文旅与科技、金融等跨界融合发展的探索有待加强。

（二）缺乏对西藏文旅资源整合主体市场化整合的实证研究

现有研究较多停留在对西藏文旅产业发展困境的理论分析层面，而运用理论深入剖析西藏文旅资源整合主体参与文旅资源整合实践的还不多见，缺乏对不同区域、不同类型资源整合主体跨界资源整合的比较案例研究，研究结论的科学性、说服力有待进一步提升。

（三）尚未形成推进西藏特色文旅产业融合发展的系统方案

现有文献提出的对策建议还比较零散，且大多立足于宏观政策层面，基于西藏地缘特征、资源禀赋、产业基础等方面提出的系统性、操作性较强的文旅融合发展行动方案较少，对西藏特色文旅产业体系构建的政策路径研究有待进一步深化。

（四）对国外文旅融合发展经验的本土化研究还不够

目前国内学界对发达国家文化遗产保护利用、文创产业发展等方面的先进经验总结得还不够，鲜有文献深入分析这些经验对西藏推进文旅融合、培育特色文旅业态的启示，国外文旅融合发展经验的本土化研究还有待加强。文旅融合是新时代中国经济社会发展的重大创新，对于丰富人民精神文化生活、提升国家文化软实力意义重大。在以习近平同志为核心的党中央领导下，西藏自治区高举新时代党的治藏方略的伟大旗帜，一手抓、两手硬，文化繁荣和旅游兴旺的目标正在变为美好现实。

此外，国内学界关于西藏文化旅游的研究较多聚焦宏观政策和微观景区两个层面，而从区域视角、产业视角如何对西藏文旅资源进行市场化整合、如何推动文旅资源跨界融合的专题研究还比较匮乏。同时，已有研究大多采用规范研究、案例分析等定性方法，定量实证的研究还不多见。未来研究应进一步拓展分析视角，创新研究方法，加强对西藏文旅产业发展规律的理论概括和实践探索。

本书通过厘清西藏文旅产业发展的基础和面临的形势，提出了一系列有针对性、可操作性的发展举措。归结起来，主要涵盖以下几个方面：一是推动文旅资源高效整合，打造独具特色的现代文旅产业体系；二是完善文旅基础设施，优化旅游公共服务体系；三是深化文旅体制机制改革，激发市场主体活力；四是加强政策支持引导，营造良好发展环境；五是坚持以人民为中心，提升文旅公共服务水平。这些政策主张，既立足西藏实际，又放眼全国乃至全球，对于突破发展瓶颈、厚植发展优势、拓展发展空间具有十分重要的指导意义。

第二章

西藏文旅资源
整合现状

第一节 西藏文旅资源概况

一、西藏文化旅游资源概况

（一）物质文化资源

1. 历史文物与遗址

西藏拥有丰富而独特的物质文化遗产。根据第三次全国文物普查数据，西藏共有不可移动文物 2300 余处，其中全国重点文物保护单位 35 处，数量位居全国前列。广袤的青藏高原孕育了灿烂的古代文明，雄踞山巅的古格王朝遗址、精美绝伦的札达土林遗址等，成为西藏悠久历史的见证。西藏现存的文物大多与藏传佛教息息相关，布达拉宫、大昭寺、萨迦寺等寺庙是西藏历史上政教合一统治的象征，记录了西藏地方政权的更迭演变。藏族先民在高原上创造的碉楼、石刻、岩画等遗存，反映了西藏与周边地区经济、文化交流的发展脉络。这些珍贵的历史文物，既是藏族人民智慧的结晶，也蕴含着深厚的中华民族文化基因。

在历史文物方面，西藏以其独特的材质和工艺，展现了古代藏族人民的智慧与创造力。从新石器时代晚期的朱墨彩绘双体陶罐，到金、银、铜、铁、玉、石、丝、毛等各种材质的宗教法器，再到明清时期的瓷器、书画等艺术品，每一件文物都蕴含着深厚的历史文化内涵，充分展示了西藏古代文明的辉煌成就。它们通过历史的沉淀和岁月的洗礼，诉说着古老而传奇的故事，让人们能够一窥古代西藏社会的风貌和民族精神。它们不仅具有极高的艺术价值，更是研究西藏历史、文化、宗教等方面的重要实物资料。

在遗址方面，西藏的古遗址如同历史的印记，见证了这片土地的沧桑变迁。象雄王国遗址、古格王国遗址古老的城邦和宫殿，以其宏伟的建筑群和丰富的文化内涵，吸引了无数游客和学者前来探访。这些遗址不仅揭示了古代西藏社会的政治、经济、文化等方面的面貌，也为我们提供了了解藏族历史和文化的重要线索。

2006年，国务院公布了第六批全国重点文物保护单位，西藏共有21处入选，占全区文物总量的25.4%。其中，布达拉宫、大昭寺、萨迦寺等寺庙建筑，雍布拉康、鲁朗林海、冈仁波齐峰等自然与文化遗产，成为彰显西藏灿烂历史文化的标志性物证。2012年，国家发展改革委发布《国家"十二五"文化和自然遗产保护设施建设规划》，强调要支持国家文化和自然遗产地、抢救性文物保护、历史文化名城名镇名村和非物质文化遗产保护等方面重点项目建设。2018年，国务院印发《关于加强文物保护利用改革的若干意见》，进一步强调文物是不可再生、不可替代的珍贵国家文化遗产，要树立保护优先、合理利用、加强管理的工作方针。在国家层面政策引导下，西藏自治区把历史文物和遗址保护作为传承弘扬中华优秀传统文化的重要抓手，陆续制定《西藏自治区文物保护条例》《西藏自治区历史文化名城名镇名村保护发展规划》等地方性法规，夯实文物和遗址保护利用的法制基础。同时，坚持规划引领，编制了布达拉宫、大昭寺等重点文物保护单位的保护规划，实施了一大批文物保护工程，遏制了文物和遗址破坏性开发的势头。可以预见，随着文物科技创新和数字化应用的持续推进，西藏珍贵的文物和遗址必将在保护中得到传承，在利用中焕发新的生机。

这些文物和遗址，如同历史的见证者，默默守护着这片土地的记忆。它们是中华民族文化遗产的重要组成部分，以实物的形式记录了西藏历史的沧桑变迁和文化传承，为我们提供了宝贵的资料和见证。通过对这些文物和遗址的研究和保护，我们可以更加深入地了解西藏的历史和文化，促进民族文化的传承与发展。同时，这些珍贵的文化遗产也将继续吸引着世界各地的游客和学者前来探访，共同见证这片神秘而圣洁的雪域高原的辉煌与魅力。

2. 民族建筑与聚落

西藏是一个多民族聚居的地区，以藏族为主的多个少数民族在劳动生产、生活起居中创造了造型独特、风格各异的传统民居。近年来，各地积极开展传统村落挖掘培育工作，山南昌都、那曲的一批历史文化名镇、名村纷纷进入国家级传统村落名单，多姿多彩的民居成为游客了解西藏传统文化不可或缺的窗口。

藏式民居多采用石木结构，墙体厚重，窗棂精细，融汇了藏族人民的智慧结晶和审美情趣。以色彩斑斓的涂鸦装饰、五彩经幡高高飘扬为特征的藏式民居，成为西藏乡村聚落的一道亮丽风景线。日喀则白居寺是西藏保存最完整的一处藏式民居建筑群，其古朴典雅的建筑风格、精湛考究的建筑工艺，充分体现了藏族传统建筑的独特魅力。

谈到西藏的民族建筑，我们不能不提及碉房。这是一种具有鲜明藏族特色的民居形式，主要分布在青藏高原地区。碉房以石木为主要结构，外墙坚固且逐渐向上收缩，开窗较少并挑出窗檐。屋顶为平顶，可供打麦、晾晒及户外活动使用。碉房不仅具有坚实稳固、结构严密的特点，还利于防风避寒和御敌防盗。根据布局形式，碉房可分为独立式与院式两种：独立式碉房随地形而建，分散于山峦河谷中；而院式碉房则是一组较大的综合性建筑，主体碉房一般为三层，平面呈方形，中间设有天井内院。

此外，西藏的寺庙建筑也是民族建筑的重要组成部分。寺庙不仅是宗教活动的场所，更是藏族文化的载体。寺庙建筑规模宏大，布局严谨，装饰华丽，充分展现了藏族人民的宗教信仰和艺术才华。在寺庙中，塔葬是一种兴盛的葬俗，法王、活佛圆寂后，其尸体或骨灰会被建塔供奉，供人朝拜。这些塔通常高耸入云，金碧辉煌，是西藏建筑中的瑰宝。

至于聚落，西藏的聚落形态多样，具有鲜明的民族特色。在农区和半农半牧区，堡寨是常见的聚落形式。这些堡寨大多以宗教为核心元素进行修建，民居彼此错落，形成不相连的格局。而在牧区，部落聚落则更为普遍。此外，临时性营地也是西藏聚落的一种形式，这类聚落主要供游牧民族短暂停留，虽然在地表上没有留下固定的建筑遗址，但留有火灶、灰烬层等游牧生活的痕迹。

这些民族建筑与聚落的形成和发展，不仅受到自然环境和生产方式的影响，更与藏族人民的文化传统和宗教信仰密不可分。它们不仅是藏族人民生活的场所，更是他们历史、文化和精神的象征。通过深入了解这些建筑与聚落，我们可以更好地认识和理解藏族文化的独特魅力。

与此同时，随着西藏城镇化进程不断加快，一些地方盲目追求城市化，大拆大建，造成藏式传统民居及聚落大量消失。针对这一问题，2014年，西藏自治区住建厅成立传统民居保护专家委员会，加强传统民居保护。2018年，自治区住建厅、文化厅联合开展了全区乡土建筑调查，摸清了藏式传统民居的基本情况，为抢救性保护工作提供了基础资料。同年，《西藏自治区"十三五"时期住房和城乡建设事业发展规划》发布，强调要加强传统村落和历史建筑、特色建筑保护，落实消防安全责任，逐步建立和完善长效保护管理机制。随着藏式传统民居保护的法律法规和配套政策日益完善，一批极具藏族特色的传统民居乃至聚落将重现昔日风采，成为西藏文旅融合发展的新名片。

3．宗教圣地

藏传佛教是西藏的主要宗教，在西藏历史文化的发展演进中占据重要地位。据统计，西藏现有各类宗教活动场所1700余处，包括佛教寺院1400余座、伊斯兰教清真寺4座、天主教堂1座，信教群众140多万人，佛教僧尼12万余人。布达拉宫、大昭寺、扎什伦布寺等著名寺庙凝聚了藏传佛教的精髓，不仅是西藏宗教文化的圣地，也是吸引海内外游客观光的热门去处。

其中最著名的当属布达拉宫。这座位于拉萨市中心的宏伟建筑，是藏传佛教格鲁派的三大寺院之一，也是历代达赖喇嘛的冬宫居所。布达拉宫的建筑风格独特，融合了中国、尼泊尔的多种文化元素，展现了藏族建筑的精湛技艺和深厚内涵。在这里，你还可以欣赏到精美的壁画、雕塑和唐卡，感受到浓厚的艺术氛围。

除了布达拉宫，西藏还有许多其他著名的宗教寺庙，如大昭寺、哲蚌寺、色拉寺等。这些寺庙都有着悠久的历史和深厚的文化底蕴，是藏族人民进行宗教活动的重要场所。

西藏的宗教生活丰富多彩。在藏历新年期间，大昭寺前的八廓街挤满了朝拜者，虔诚的信徒们转经、叩拜、撒龙达，祈求平安吉祥。在藏传佛教的重要节日——萨嘎达瓦节，各地城镇和牧区都要举办隆重的法会，通过佛事活动祈福消灾。

此外，西藏还有许多自然宗教圣地，这些地方被认为是神灵的居所，具有特殊的意义和价值。其中最为著名的当属冈仁波齐峰和玛旁雍错。冈仁波齐峰是藏传佛教、苯教、印度教和耆那教等教派的朝圣地，被誉为"神山之王"。每年都有大量的信众前来转山朝拜，祈求神灵的庇佑和加持。玛旁雍错则是中国湖水透明度最高的淡水湖，被誉为"圣湖"。它的湖水清澈蓝翠，周围群山环绕，景色十分优美。在这里，你可以感受到大自然的神奇和美丽，也可以领略到藏族人民对自然的敬畏和崇拜。

宗教文化在西藏居民生活中的重要地位，对宗教活动场所的保护利用提出了更高的要求。2010 年，国家宗教事务局发布《藏传佛教寺庙管理办法》，对藏传佛教活动场所的设立、变更、注销等进行规范。近年来，西藏坚持"保护第一，利用第二"的原则，不断加大对重点寺庙的保护修缮力度，先后实施了布达拉宫等重点文物保护单位的修缮加固工程，完善了寺庙消防、安保、环卫等设施配套，最大限度地保护寺庙的原真性、完整性。与此同时，西藏还积极探索宗教与旅游融合发展新路径，开发推出布达拉宫、扎什伦布寺等主题的文创产品，举办萨嘎达瓦文化旅游节等活动。

（二）非物质文化资源

1. 民族文化与节日庆典

西藏是一个多民族聚居的地区，主要有藏、门巴、珞巴、回、汉等民族。在长期的生产、生活实践中，各族人民创造了丰富多彩的物质文化和精神文化，形成了独具魅力的民族风情。其中既有藏族人的服饰、饮食、节庆等，也有门巴族人的石头房屋、转经筒、弹弓舞蹈等，还有珞巴族人的竹楼、左贡刀、琴棋书画等。纷繁多样的民族风情资源，是西藏旅游的一张亮丽名片。尤其是那些最能体现民族特质和地域特色的传统节日，如藏历新年、旺果节、雪顿节等，极大地丰富了西藏的旅游内涵，成为西藏吸引中外游客的重要法宝。比如，每年农历四月十五是藏族人民的传统节日雪顿节。在节日期间，各地群众身着盛装，到寺院广场观赏跑马、射箭等民族传统体育项目，共享节日的欢乐。近年来，雪顿节文化旅游异彩纷呈，仅在拉萨一地就有近百项文化活动，吸引了30多万人次的中外游客前来体验浓郁的节日氛围。又如，林芝市的鲁朗镇是西藏著名的民族文化旅游胜地。这里梯田层叠、牧歌悠扬，淳朴的藏寨民居与现代化的旅游设施交相辉映。游客既可以拜访藏家土屋，品尝土火锅、酥油茶等地方美食，又可以骑马、射箭、参与篝火晚会，全方位感受藏区风土人情。藏历新年、雪顿节、旺果节等传统节日，展现了古老的农耕文明；弦子舞、牦牛舞等民族歌舞，体现了劳动人民的艺术才华；古朴的六弦琴、笛子，优美的藏族服饰，无不展现出藏族人民对美好生活的向往和憧憬。

根据国务院 2011 年公布的第三批国家级非物质文化遗产名录，西藏共有 14 个项目入选。这些项目涵盖了民间传说、传统美术、传统音乐、传统舞蹈、节日庆典等诸多门类，是西藏文化的重要载体，在增进民族团结、弘扬中华优秀传统文化中发挥着不可替代的作用。其中，藏戏被誉为"西藏的歌剧艺术"，拥有 1400 多年历史，拉萨觉木隆藏戏、日喀则迥巴藏戏等均入选第一批国家级非物质文化遗产名录。为更好地保护传承这些民俗瑰宝，西藏先后制定实施了《西藏自治区非物质文化遗产传承发展工程实施办法》等一系列举措，着力搭建各民族交往、交流、交融的文化平台，大力开展"中国民间文化艺术之乡""中国少数民族特色文化旅游目的地"等品牌创建活动。雪顿节、格萨尔赛马艺术节等特色节庆，在传承传统节日习俗的同时，不断创新节庆形式和内容，让中外游客在参与互动中零距离感受民族风情，成为西藏文化和旅游深度融合发展的生动写照。

2. 传统艺术与手工技艺

西藏是文化艺术的沃土。古老的雪域高原孕育了灿烂的藏族文化，各民族人民世世代代融合交流，留下了众多令人叹为观止的艺术瑰宝。从色彩斑斓的藏毯编织到细腻精美的唐卡绘制，从质朴古拙的藏香制作到巧夺天工的根雕艺术，无不体现出藏族人民的智慧才华和审美追求。这些稀世珍品，既是艺术的结晶，也凝结着劳动人民的心血，成为藏族传统手工技艺的代表。截至 2024 年，西藏共有国家级非物质文化遗产代表性项目 105 个，它们极大地丰富了西藏非遗资源的种类，为非遗活态传承、创新发展奠定了坚实基础。

其中，藏毯编织、唐卡绘制、藏香制作等项目尤为引人注目。藏毯编织工艺源远流长，距今已有 1500 多年的历史。以羊毛为原料，经手工纺线、编织而成的藏毯，色彩绚丽，图案精美，深受中外游客的喜爱。2006年，藏族邦典、卡垫织造技艺入选第一批国家级非物质文化遗产名录。唐卡是藏传佛教绘画艺术的精华，以鲜艳的色彩、细腻的线条、丰富的内容再现了佛经故事和高原风情。这些传统手工技艺不仅是西藏悠久文明的见证，也是当代工艺美术创作的重要源泉。近年来，西藏大力实施"非遗＋文创""非遗＋旅游"工程，以传统工艺美术为蓝本，融入现代设计理念，开发了一大批传统手工艺和文创伴手礼品牌，让更多游客在旅游观光中感受非遗的魅力。以拉萨金珠玛米非遗创意园为例，借助藏毯、唐卡等非遗项目，园区内涌现出一批独具特色的工艺品店、文化体验馆，成为游客体验西藏传统手工技艺的热门"打卡地"。金珠玛米非遗创意园的生动实践表明，在文旅融合发展的新形势下，挖掘和盘活西藏丰富的非遗资源，对满足游客日益多元化、个性化的文化体验需求，助推特色文旅消费提质升级意义重大。

3. 红色文化资源

在雪域高原的厚重积淀中，不仅有瑰丽的物质文化遗存，也有着众多感人至深的红色文化资源。在波澜壮阔的民主改革中，百万农奴翻身解放，成为国家和社会的主人。短短几十年，在党中央领导下，西藏各族人民团结一心、艰苦奋斗，创造了令人瞩目的辉煌成就。这些年，红色旅游异军突起，革命历史纪念馆、革命烈士陵园、重要革命旧址等遗存备受瞩目。仅 2020 年"十一"黄金周，西藏接待红色旅游人数就突破 40 万人次，同比增长 16%。伟大的红色文化资源，铭刻了中国共产党人的丰功伟绩，也展现着西藏翻天覆地的沧桑巨变，是开展爱国主义教育、激发干事创业热情的生动教材。

中共西藏自治区党委把红色资源保护利用作为重要政治任务，先后出台了一系列政策文件，规划建设了一批重点红色旅游经典景区。据不完全统计，目前西藏有 5 个全国爱国主义教育示范基地。这些珍贵遗存，蕴藏着丰富的红色历史、革命文化、人文风情等资源，是西藏文旅资源中的重要组成部分。比如，2019 年 3 月 28 日是西藏百万农奴解放纪念日，位于拉萨市东郊的西藏百万农奴解放纪念馆正式开馆。它通过场景复原、实物展陈、图片呈现等形式，生动展示了党领导西藏各族人民砸碎政教合一封建农奴制枷锁，建设社会主义新西藏的恢宏画卷。又如，在位于林芝鲁朗小镇 G318 旁的全国援藏展览馆里，北京、上海、江苏、湖南等 17 个援藏省市的总体介绍、工作亮点、投入产业项目和效果、文化交融交流情况、援藏干部故事等内容通过文字、图片、视频一一展现出来。这些援藏人才在雪域高原谱写忠诚，在世界屋脊创造奇迹，以实际行动建功高原、建设西藏，赢得了西藏各族群众的广泛赞誉。

总的来看，在党的民族区域自治制度保障下，在社会主义市场经济条件下，西藏形成了门类齐全、类型多样、富有特色的红色旅游资源体系。深入挖掘这些红色旅游资源的思想内涵、时代价值，对于加强爱国主义教育、培育社会主义核心价值观、凝聚实现民族复兴的磅礴力量，具有重大而深远的意义。2018 年，西藏出台《西藏自治区革命文物保护利用总体规划》，从整体规划、分类保护、创新转化等方面，为红色资源的传承发展保驾护航。未来，随着西藏现代化进程的加快推进，随着爱国主义教育和革命传统教育的不断深化，红色旅游资源必将在西藏长治久安和高质量发展中发挥更大作用。

二、西藏自然旅游资源概况

（一）自然旅游资源

1. 地质地貌资源

西藏自治区位于青藏高原腹地，平均海拔约 4000 米，是世界上海拔最高的高原省区。特殊的地理位置和自然环境，造就了西藏极为丰富的地质地貌旅游资源，高原山脉连绵，冰川遍布，峡谷纵横，气势恢宏，景象万千。据不完全统计，西藏拥有海拔 7000 米以上的山峰 50 座，海拔 8000 米以上的山峰 7 座；冰川面积 2.74 万平方公里，占全国冰川总面积的 46.7%；湖泊面积 250 多万公顷，占全国湖泊面积的 30%。

雄伟壮丽的"世界屋脊"，独特的高原地貌，吸引着世界各地的游客慕名而来。统计数据显示，2020 年西藏接待国内外游客 3512.74 万人次，同比增长 12.8%；旅游总收入 490.44 亿元，同比增长 15%。珠穆朗玛峰、纳木错等知名景区已成为西藏旅游的金字招牌。作为世界海拔最高峰，珠峰不仅仅是登山探险的胜地，更是感受高原自然奇观的必到之处。2024 年"五一"当天，珠峰景区游客量达到 1.2 万人次，创下历史新高。位于西藏北部的纳木错，是西藏第一大湖，也是中国第二大咸水湖。纳木错地势辽阔，湖水澄澈剔透，湖光山色相映成趣，每年都有成千上万名游客专程来欣赏"天上圣湖"的壮丽景色。根据 2020 年统计数据，纳木错景区全年接待游客 183.63 万人次，旅游综合收入 7200 余万元，已跻身国内知名旅游景区行列。

地质地貌资源是西藏旅游的核心资源。如何在保护中开发、在开发中保护，是西藏旅游可持续发展必须直面的重大课题。《"十四五"文化和旅游发展规划》明确，"要坚持生态优先，严格限制环境容量，减少对生态环境的干扰"。《珠穆朗玛峰国家级自然保护区管理办法》围绕珠峰景区这一核心景区，在生态保护、景观利用等方面作出明确规定。同时，西藏持续加大地质公园、自然保护区、风景名胜区等建设力度，严格实施分类保护，推动地质遗迹资源的可持续利用。截至 2020 年底，西藏共有国家级自然保护区 15 个、国家地质公园 5 个、国家级风景名胜区 5 个，为西藏旅游的绿色发展筑牢了根基。

2. 气候资源

西藏辖区辽阔，地形地貌多样，不同区域的气候特点也有所差异。总的来看，西藏属于高原季风气候区，具有日照充足，紫外线辐射强，气温低，年较差小，日较差大等气候特点。独特的高原气候，塑造了西藏独具特色的旅游资源。尤其是那曲、阿里、日喀则等地区，平均海拔在 4500 米以上，是开展冰雪运动和高原生态旅游的理想场所。

冬季虽然寒冷，但由于湿度小、日照充足，反而成为滑雪、登山、泡温泉等项目的旺季。据统计，西藏冬季旅游市场近年来增长迅速，2019 年冬季旅游人数突破 300 万人次，同比增长 15% 以上。阿里地区冬季平均气温在零下 20 摄氏度左右，是发展冰雪旅游的天然场所。当地依托优质的冰雪资源，打造了普兰国际滑雪场、札达国际滑雪场等项目，冬季游客量连年攀升。日喀则市的珠峰大本营海拔 5200 米，紫外线辐射强，负氧离子含量高达每立方厘米 2 万个以上，负氧离子具有良好的康养保健功效，吸引了大批游客前来"养生""打卡"。可以预见，随着全域旅游示范省创建工作的深入推进，西藏将进一步挖掘高原气候资源的生态价值、医疗价值、体验价值，推出更多个性化、特色化的旅游产品，满足游客全时段、多层次的旅游消费需求。

3. 水域资源

西藏水资源极其丰富，尤以高原湖泊和冰川资源最为突出。据统计，西藏现有面积在 1000 平方公里以上的湖泊 2 个，总面积为 250 多万公顷，占全国湖泊面积的 30%。其中纳木错、色林错、玛旁雍错并称西藏三大"圣湖"，羊卓雍错、普莫雍错、拉昂错等均为国家级风景名胜区。西藏还拥有中国面积最大的现代冰川——绒布冰川。绒布冰川全长 22.4 公里，总面积约 85.4 平方公里。西藏拥有大小冰川水资源总量为 332 亿立方米，是中国冰川资源最丰富的地区之一。冰川融水滋养了高原上的湖泊、河流，雅鲁藏布江、怒江等大江大河发源于此，西藏因而被誉为"中华水塔""亚洲水塔"。

碧波万顷的湖泊，延绵不绝的冰川，是西藏最富特色、最具吸引力的水域景观。近年来，西藏大力开发湖泊度假、冰川观光等旅游产品，各具特色的水上运动、亲水休闲、民俗体验项目不断涌现，水域旅游已成为西藏文旅融合发展的重要组成部分。以纳木错为例，2015 年纳木错被评为国家 AAAAA 级旅游景区。游客乘坐游船、租用皮划艇畅游湖面，欣赏湖光山色，体验高原湖泊的独特魅力。又如普莫雍错，它是西藏第二大湖，当地立足得天独厚的冰川湖泊资源，大力发展观光旅游、休闲度假、康养旅游等业态，推出徒步、骑行、摄影等主题旅游线路，年接待游客突破 60 万人次。冰川旅游更是西藏的一张独特名片。2016 年，西藏首条冰川观光路——珠峰冰川观光大道建成通车，总长约 14 公里，终点海拔 5800 米，被誉为"通往珠峰之路"。游客乘坐观光车，沿途欣赏壮美的冰川美景，感受高原冰雪风情，畅享"冰川奇观第一路"的非凡体验。

独特的水域资源赋予西藏发展冰雪运动、山地户外、探险科考等项目得天独厚的条件。2020 年 5 月，国家体育总局正式向日喀则市授"西藏日喀则国家高海拔登山训练基地"牌，标志着西藏冰雪运动、登山探险进入新的发展阶段。在雪顿节期间，西藏各地推出了冰上龙舟、高原冰壶等独具特色的民族冰雪运动，为节日增添了别样乐趣。2020 年，西藏着力打造"冰雪西藏"品牌，积极申办 2025 年冬季大运会，冰雪产业正日益成为西藏对外开放、融入"一带一路"的新名片。根据《冰雪运动发展规划（2016—2025 年）》，到 2025 年，中国冰雪产业总规模将达到 10000 亿元。可以预见，随着冰雪产业持续升温，依托独特的冰川湖泊资源，西藏被打造成集冰雪观光、休闲度假、竞技运动、科普教育于一体的国际知名冰雪旅游目的地指日可待。

4. 生物资源

西藏自治区地域辽阔，自然环境多样，孕育了极为丰富的生物资源。全区现有高等植物 6600 余种，其中高山杜鹃、雪莲等高山植物 5000 多种，占全国高山植物总数的 80% 以上。脊椎动物 795 余种，野生动物种类居全国第三，以藏羚羊、野牦牛、黑颈鹤等为代表的珍稀物种，构成了西藏得天独厚的野生动物资源优势。与此同时，西藏还拥有茂密的原始森林、广袤的天然草场，以及沼泽湿地、高山冻原等多种生态系统，堪称全球同纬度地区生物多样性最丰富的区域之一。

为保护这些珍贵的生物资源，西藏高度重视自然保护区体系建设。据统计，目前全区共建立各级自然保护区 47 处，总面积 41.37 万平方公里，占西藏面积的 33.6%，保护了西藏 85% 的国家重点保护野生动植物。这些保护区不仅是野生动植物栖息繁衍的乐园，也是生态科考、环境教育的理想场所，更是吸引中外游客的热门旅游目的地。以珠穆朗玛峰国家级自然保护区为例，这里既有高山冰川、河谷峡谷等地貌奇观，又有雪豹、棕熊、藏马鸡等珍稀物种，还分布有 40 多种高山植物，被誉为"动植物基因库""物种资源宝库"。每年，大批中外游客慕名而来，在专业向导的带领下探寻自然奥秘，体验科考探险的无穷魅力。仅 2024 年 5 月 1 日当天，珠峰景区就迎来 1.2 万人次游客。再以扎日南木错湿地为例。扎日南木错是阿里地区面积最大、海拔最高的湖泊，属咸水湖，也是西藏自治区第三大湖泊。湖上有大大小小十多座岛屿，数万只候鸟在此栖息繁殖，每年吸引成千上万名观鸟爱好者前来"打卡"。2023 年 11 月 30 日，国家林业和草原局公布《陆生野生动物重要栖息地名录（第一批）》，西藏措勤扎日南木错湿地候鸟重要栖息地入选。

党的十八大以来，西藏持续加大生态环境保护力度，实施了一系列保护、修复、利用并重的重大工程。尤其是大力实施退牧还草、退耕还林等生态工程，加快建设国家公园，取得了显著成效。与此同时，西藏还积极发展生态旅游，合理开发野生动植物资源，将独特的生物资源优势转化为旅游发展的核心吸引力。2019 年，西藏多个景点入选首批国家生态旅游示范区。各地立足生态资源优势，推出森林康养、湿地观光、科普探索等生态旅游精品线路，着力打造集观光游览、休闲度假、科普教育等功能于一体的生态旅游产品体系。如日喀则市仲巴县在珠峰国家级自然保护区内，围绕"高山生态、民俗风情"主题，建设森林步道、游客服务中心等生态旅游设施，游客量由 2015 年的 3.6 万人次增长到 2019 年的 15 万人次，带动 2100 多名当地群众就业增收。"十四五"时期，西藏还将持续推进国家公园、自然保护区、湿地公园的建设，预计到 2025 年，全区林草覆盖率稳定在 30% 以上，守护好高原特有的多样生物，为子孙后代留下珍贵的自然遗产。

三、西藏红色旅游资源

西藏是"红色圣地"，被誉为"中国革命的西部高地"。1951 年 5 月，西藏和平解放。此后，在党中央领导下，西藏各族人民翻身解放，开启了社会主义建设的新征程。在这片雪域高原，中国共产党领导各族人民进行了艰苦卓绝的斗争，谱写了感天动地的革命史诗。这些宝贵的红色旅游资源是中华民族的精神富矿，也是发展红色旅游的重要依托。

第一，和平解放红色资源丰富。1951 年，《中央人民政府与西藏地方政府关于和平解放西藏办法的决议》在北京正式签订，西藏宣告和平解放。在此过程中，诞生了一大批可歌可泣的英雄事迹和革命遗址。拉萨市林周农场是一处富有历史意义的红色革命景点。林周农场建立于 1966 年，最初隶属于西藏军区生产建设师。林周农场不仅是当年军民自力更生、艰苦奋斗的见证，也具有深刻的爱国主义教育意义。林周农场内保留有礼堂、宿舍、供销社等 7 座建筑物，占地 36069.8 平方米，建筑面积达 4522.66 平方米。作为西藏自治区爱国主义教育基地，林周农场现已成为回顾过往、缅怀先辈、激励后人的红色教育场所，让访客在了解那段峥嵘岁月的同时，也能深刻体会到前辈们开垦边疆、建设家园的不易与奉献精神。这些红色旅游资源见证了人民军队的丰功伟绩，成为西藏和平解放的永恒记忆，吸引着广大干部群众前来接受党性教育、革命传统教育。

第二，民主改革红色资源丰富。1959 年，《关于西藏全区进行民主改革的决议》在西藏自治区筹备委员会第二次全体会议上通过，拉开了西藏民主改革的序幕，百万农奴翻身得解放，封建农奴制度被彻底废除。在这个过程中，西藏成为"红色圣地"，拥有一大批红色旅游资源。例如，今天的岗巴已成为名副其实的红色旅游"打卡地"。岗巴起义纪念馆、白朗烈士陵园等一批爱国主义教育基地，全景再现了农奴翻身得解放的伟大历史时刻。游客在这里，既能重温"万民欢跃跳锅庄"的动人场景，更能切身体会共产党领导和社会主义制度让百万农奴过上幸福美好新生活的伟大成就。民主改革为西藏社会发展开辟了光明道路，也为红色旅游开发提供了丰富的素材。近年来，不少以民主改革为主题的红色景区、线路、产品受到游客热捧，历史的见证激励着当代人奋勇前行。

第三，援藏干部红色资源丰富。民主改革以后，党中央从其他省、区、市选派了大批优秀干部来藏工作，无私奉献、不怕牺牲的援藏精神，是西藏各项事业发展的强大动力。孔繁森是援藏干部中的典型代表。"西藏和平解放 40 多年来，有两人去世后反响最大，一位是班禅大师，另一位就是孔繁森书记。"当时，阿里地区的一位干部曾这样说道。孔繁森曾三次入藏，发展了当地的经济，提升了当地的教育普及率，与当地的民众结成了深刻的情谊。1994 年 11 月 29 日，孔繁森同志因公殉职，时年 50 岁。"一尘不染，两袖清风，视名利安危淡似狮泉河水；二离桑梓，独恋雪域，置民族团结重如冈底斯山。"孔繁森烈士墓前的挽联形象概括了孔繁森奉献的一生，至今仍有源源不断的游客来到他墓前祭拜，深切缅怀孔繁森同志的光荣事迹，传承弘扬孔繁森精神。西藏处处都有援藏干部的感人故事，他们是红色旅游的主角，他们的事迹是红色文化的精华。随着一个个重大纪念设施和遗址的落成，越来越多的游客慕名前来西藏，追忆峥嵘岁月，重温红色记忆。

第四，社会主义建设时期红色资源丰富。20 世纪 60 年代初，党中央从全国抽调了 3 万多名农业和水利技术人员进藏工作，开启了西藏大规模经济建设的先河。在他们的带领下，西藏各族人民在极其艰苦的环境中，建成了羊八井地热电站等"新西藏第一"工程。多年来，一大批水利、交通、能源、通信等重点项目相继建成，补齐了西藏长期存在的基础设施短板。经过了 50 多年的砥砺奋进，西藏发生了翻天覆地的变化，独特的现代化社会主义新西藏巍然屹立在世界之巅。这些沧桑巨变的见证，都已成为宝贵的红色旅游资源，成为西藏精神的生动体现，吸引着五湖四海的游客前来追寻红色足迹，体验发展奇迹。

西藏正全力打造"红色圣地"，精心规划一批独具特色的红色精品线路。2021 年 6 月，在庆祝中国共产党成立 100 周年之际，"不忘初心、牢记使命"主题教育红色旅游示范线路在西藏正式发布。这条线路以拉萨、日喀则、昌都、林芝等地的红色资源为依托，涵盖了 30 余处红色遗址、纪念馆，极大地丰富了西藏红色旅游的内涵。同时，各地还因地制宜地策划了不少沉浸式、体验式的红色旅游产品，推出了情景互动、微话剧等创新形式，让革命历史"活起来"，让革命精神"立起来"。随着红色旅游的提质升级和品牌化发展，西藏必将成为全国重要的红色文化高地，持续焕发出感召力、凝聚力、向心力。作为传承红色基因、赓续红色血脉的生动课堂，西藏在红色旅游方面的影响力必将持续扩大，以红色之光照亮新时代的发展前进之路。

位于拉萨市城关区的5·23纪念馆，是目前西藏规模最大、内容最丰富的红色主题纪念馆。纪念馆采用历史图片、文献资料、实物展品等，系统展现了解放军进藏、和平解放、民主改革等重大历史场景，让人瞬间穿越时空、重温历史。纪念馆还设有多媒体互动体验区，通过沙盘模型、VR体验等现代科技手段，让游客身临其境地感受红色历史，接受革命传统教育。纪念馆自开馆以来，已累计接待游客200多万人次，成为西藏爱国主义教育和红色旅游"打卡地"。

位于日喀则市桑珠孜区的西藏民主改革纪念馆是全面展示西藏民主改革伟大历史进程的大型主题纪念馆。1959年，西藏上层反动集团发动武装叛乱，叛乱平息后，达赖集团逃往国外，西藏进入全面的民主改革阶段。纪念馆通过400余幅图片、500余件实物，全景式再现了西藏民主改革的历史画卷：翻身农奴敲碎枷锁，焚烧贴身契约，欢庆土地改革，分得土地房屋……一个个鲜活感人的情节，无不令人动容、催人奋进。馆内还设置了西藏农奴制度、人民民主专政等专题展厅，既有理论高度，又有故事温度，使西藏民主改革纪念馆成为广受游客好评的红色旅游景点。

西藏和平解放纪念碑矗立在布达拉宫广场中央，彰显着西藏和平解放的重大历史意义。5月23日这一天，拉萨各族群众都会自发来到纪念碑前，敬献哈达、花圈，举行隆重的纪念仪式。纪念碑所在的布达拉宫广场是西藏最负盛名的城市广场，两侧布满了特色商铺，各色美食和纪念品应有尽有。游客在瞻仰纪念碑、缅怀革命先烈的同时，还能感受浓郁的现代都市气息，体验传统与现代的交融，以及红色记忆与发展活力的碰撞。

在革命老区昌都，红色旅游同样精彩纷呈。1956年，昌都卡若区发生武装叛乱，刘伯承、邓小平等老一辈无产阶级革命家亲临前线指挥作战，取得了平息叛乱、巩固边疆的重大胜利。如今的昌都卡若烈士陵园，用一座座掩映在绿荫下的墓碑，无声诉说着先烈的不朽功勋。陵园内还陈列着叛乱武器、文献资料等珍贵史料，让红色历史"活"起来，让革命先烈事迹代代相传。目前，昌都正全力打造红色旅游精品线路，线路涵盖卡若烈士陵园、邓小平旧居纪念馆等红色景点，让游客在追寻红色记忆中感悟信仰的力量。

山南是西藏最早拥有党组织的地区，从土地革命到民主改革，这里始终是党领导下西藏革命斗争的前沿阵地。如今，山南打造了一批以"列麦精神纪念馆""西藏民主改革第一村"等为核心的红色教育基地，常年接待前来瞻仰学习的干部群众和游客。比如，浪卡子县把红色资源利用与乡村振兴战略有机结合，发展红色研学游、红色生态游，让革命老区的新旧面貌形成鲜明对比，让新一代在传承红色基因中奋力谱写新时代新篇章。

纵观西藏，处处都有感人至深的红色故事，处处都是红色旅游的沃土。西藏正充分发掘这些宝贵的红色资源，精心打造红色精品线路和景区，推出情景互动、沉浸式体验等创新产品，让革命历史"活起来"，让红色基因"燃起来"。红色旅游已成为西藏旅游业的重要品牌，每年吸引着数百万人次游客前来重温光辉岁月、缅怀革命先烈，在革命精神的洗礼和鼓舞下奋力前行。可以相信，随着红色旅游的日益升温，雪域高原必将书写出更多感天动地的红色传奇，为西藏长治久安和高质量发展注入强大精神力量。

为充分发挥红色资源服务党和国家工作大局的独特作用，西藏将红色旅游作为打造精品旅游的关键抓手，将其纳入"十四五"文旅产业发展的重点任务。一方面，持续加强红色文化遗存的系统性保护、抢救性修缮，启动实施一批重点红色旅游项目；另一方面，加强红色文化资源的创新性转化，着力打造一批高品质红色旅游精品线路。比如，拉萨市讲解西藏和平解放历史的"红色之旅"主题线路，昌都市展现红军长征在西藏的"红军西征"国防教育基地线路，这些独具特色的红色旅游线路，让游客在参观游览中接受革命传统教育，坚定理想信念。与此同时，各地还积极开展红色研学、红色体验等系列活动，通过情景互动、沉浸体验等方式，让革命历史"活起来"，让红色基因"亮起来"，教育引导各族群众感党恩、听党话、跟党走。2021年"五一"期间，西藏接待红色旅游游客达5.16万人次，开启了红色旅游提质升级的新征程。在全面建设社会主义现代化国家新征程中，西藏将进一步用好、用活红色资源，让伟大精神在雪域高原落地生根，凝聚起西藏长治久安和高质量发展的磅礴伟力。

第二节　西藏文旅资源融合模式

一、景区融合模式

（一）景区文化元素挖掘

1. 文化内涵解读

西藏不仅有秀美的自然风光，其景区还承载着悠久的历史文化。比如，以布达拉宫、大昭寺、扎什伦布寺等为代表的名胜古迹，既是西藏政教合一制度的历史见证，也彰显了藏族人民的艺术才华。对于这些景区，不仅要让游客观其形、赏其貌，更要引导游客感悟藏族先民的智慧结晶。近年来，西藏高度重视对景区文化内涵的挖掘阐释。文化和旅游部门牵头组织专家学者，围绕重点景区开展文化资源普查，系统梳理遗存古迹、历史故事、民俗风情等，编撰含有文化元素的解说词。通过将点状分散的文物古迹连线成面、串珠成链，让景区的历史价值、艺术价值、科学价值集中彰显、熠熠生辉。此外，还创新了讲解方式，开发了多语种语音导览、VR/AR体验项目等，用科技手段为文化遗产赋能，提升游客体验感和获得感。

2. 文化符号提炼

随着旅游业的快速发展，一些地方为追求短期经济效益，热衷于开发同质化的景点，导致景区文化特色逐渐模糊，文化品位日益下降。针对这一问题，西藏文旅部门坚持以文塑旅、以旅彰文，在充分挖掘景区文化内涵的基础上，提炼体现景区精神内核、彰显民族特质的文化符号。通过标识系统设计，将特色图案、文字、色彩等融入景区环境，让游客在观光体验中自觉接受文化熏陶。比如，位于山南市的雍布拉康是西藏首座宫殿建筑，有"西藏文明之源"的美誉。当地以白塔、龙柱、八宝等图案为元素，设计了一套极具辨识度的景区形象标识，让游客在潜移默化中领略雍布拉康的历史文化价值。这种以文化符号传递景区精神内涵的做法，提升了游客的文化认同感，增强了景区的文化软实力。

3. 文化主题凸显

随着人们精神文化需求的日益升级，单一的观光游览已难以满足游客多元化、个性化的旅游体验需求。西藏以特色文化资源为依托，以文化体验为核心，着力打造各具特色的文化主题景区。通过主题性策划，系统梳理景区的历史文脉、人文底蕴，设计推出具有文化辨识度的旅游项目，让游客在参与互动中感悟地域特色和民族风情。比如，位于林芝市的鲁朗小镇以藏文化为灵魂，围绕"远古""田园""诗意"三大主题，打造了康巴藏寨、鲁朗花海、林芝影视城等一批沉浸式文化景点，让游客在景致变幻的自然环境中，在诗情画意的田园牧歌中，全方位感受多姿多彩的藏地田园风情。文化主题景区的打造，为西藏旅游注入了新的活力。2020年，尽管受到新冠疫情影响，西藏仍接待游客3512.74万人次，实现旅游收入490.44亿元，同比分别增长12.8%、15%，高出全国平均水平10个百分点。可以预见，随着景区文化内涵的不断丰富，西藏必将吸引越来越多的游客走进西藏、了解西藏、热爱西藏，为西藏文旅融合发展提供强大助推力。

（二）景区文化体验设计

1. 文化体验项目策划

西藏各类景区星罗棋布，是全域旅游的重要阵地。随着旅游业态的加速升级，景区发展也由单一的观光模式向文化体验模式加速转变。西藏立足特色文化资源，以游客需求为导向，着力打造兼具参与性、体验性、交互性的沉浸式景区项目。通过文化创意策划，发掘景区的历史故事、人物传说，设计沉浸式互动体验，让游客在情景代入中感知景区的文化魅力。比如，山南市的雍布拉康围绕吐蕃王朝文化，打造了鹿王感恩、文成公主进藏等一系列实景演出，让游客在情景再现中感悟文化交流的悠久历史。雍布拉康还推出了《吐蕃风云》大型实景演艺项目，以声、光、电等现代科技手段打造沉浸式体验场景，吸引了大批年轻游客前来"打卡"。又如位于昌都市的邦达镇，围绕藏戏等非遗文化，相继推出了"民俗风情一条街""藏戏进景区"等文旅融合项目。游客既可以领略浓郁的藏族风情，品尝地道的藏式美食，还可以与藏戏演员互动，变装并拍照留念，在参与互动的过程中获得独特的文化体验。文化体验项目的开发，极大地拓展了西藏景区的文化内涵，提升了游客的体验感和获得感。据测算，2020年西藏重点景区的文化体验项目人均消费达到265元，是单纯门票收入的1.5倍。

2. 文化体验环境打造

优良的环境是文化体验项目落地生根、持续发展的重要前提。如何在现代开发建设中最大限度地保护文化遗存，延续文化生态，是文化体验环境打造必须直面的现实课题。西藏坚持在保护中开发、在开发中保护，精心打造沉浸式、互动式的文化体验环境。在保护方面，坚持最小干预原则，严格控制环境容量，减少对原真性环境的破坏；在利用方面，坚持量力而行，尊重资源属性，充分利用当地特色文化元素，最大限度再现文化场景的原貌。比如，拉萨市依托独特的历史人文资源，按照"修旧如旧、建新仿古"的原则，对布达拉宫、大昭寺等重点景区实施文物保护利用工程，吸引了大批国内外游客前来观光体验。又如，日喀则市在珠峰景区，以雪山、冰川等自然资源为载体，通过完善标识系统以及游步道等游览设施，为游客提供了亲近自然、挑战极限的户外体验环境，每年吸引数万名登山爱好者前来挑战。可以看出，无论是人文景区还是自然景区，文化体验环境的打造都应尊重资源本底，在最大限度保护文化遗存、延续文化生态的同时，为游客创造沉浸式、参与式的体验空间。这既是文旅融合发展的题中应有之义，更是留住西藏灵魂、传承中华文脉的现实需要。

3. 文化体验活动组织

组织文化体验活动是将文化创意转化为旅游产品，提升文旅融合质量的重要手段。为充分发挥文化在旅游中的引领作用，西藏积极组织特色鲜明、形式多样的文化体验活动，让游客在参与活动的过程中更好地了解西藏、感悟西藏。近年来，西藏连续举办了"感知西藏""相约西藏""大美西藏"等大型文化旅游推介活动，组织中外游客、新闻媒体深度体验西藏独特的自然人文环境，感受西藏经济社会发展的新变化、新面貌。与此同时，西藏还充分利用重要的时间节点，举办一系列丰富多彩的节庆活动。在藏历新年期间，拉萨、日喀则等地推出锅庄舞大赛、藏戏展演等系列活动；在雪顿节来临之际，林芝、昌都等地开展赛马、射箭等传统体育竞技；在"中国旅游日""全域旅游示范省创建月"等重要节点，各地还组织研学游、徒步穿越等富有地方特色和时代气息的文化旅游活动。通过设计互动参与式、沉浸体验式的文旅活动，西藏景区的文化内涵被充分发掘，文化生产力正加速转化为现实生产力。2019 年西藏共接待旅游者 4000万人次，其中参与各类文化体验活动的游客量多达近 3000 万人次。可以看出，文化体验活动的生动实践，不仅丰富了景区业态，拉动了文旅消费，更成为西藏各民族交往、交流、交融的重要平台。今后，西藏将继续完善以节庆活动为重点的大型文化体验活动，让中外游客在参与活动的过程中增进对藏文化的了解和认同，推动中华优秀传统文化在国际舞台上散发更加璀璨的光芒。

二、文化旅游演艺融合模式

（一）传统文化与演艺旅游融合

1. 民族音乐舞蹈演艺

西藏是歌舞之乡。雪域高原的苍茫壮美孕育了藏族人民豪迈奔放的艺术气质，锅庄舞、弦子舞等一大批富有浓郁藏族风情的音乐舞蹈在高原大地上广为流传。西藏地方政府高度重视非遗的保护传承和创新发展，积极引导社会资本参与传统音乐舞蹈的旅游演艺开发，通过对传统艺术形式进行创造性转化、创新性发展，推出了一批极具民族特色、较高文化品位的旅游演艺项目。

2. 民俗节庆典礼演艺

西藏传统节日众多，各具特色。藏历新年、雪顿节、旺果节、萨嘎达瓦等重大节庆承载着西藏各族人民的美好愿望，蕴藏着丰厚的历史文化底蕴。近年来，西藏积极推动传统节日活动由单一的民俗庆典向文化演艺要素多方面融合的综合文化项目转型。一方面，组织专家学者对重大节庆习俗进行文化价值挖掘，设计推出沉浸式互动体验项目；另一方面，鼓励社会资本参与节庆活动策划，提升节日文化产品的科技含量和艺术品位。如今，西藏的许多重大节日庆典都成为独具魅力的旅游演艺活动，成为人们感悟藏地风情、体验节日喜庆的重要平台。以藏历新年为例。拉萨、日喀则等地在节日期间推出大型锅庄舞台剧，以沉浸式互动带动现场氛围；同时，还邀请游客共同参与藏历新年习俗体验，如转大昭寺、吃糌粑、品甜茶等，让大家在参与中感受节日的独特魅力。藏历新年期间的系列文化活动，每年为西藏带来近百万人次的游客，西藏由此获得的综合收益超过 30 亿元。雪顿节也同样成为展示藏族传统文化的大舞台。在节日期间，西藏各地举办锅庄舞大赛、赛马、射箭等丰富多彩的体育文化活动，其间穿插大型主题演出，吸引众多游客驻足观赏、参与互动，雪顿节早已成为西藏夏季旅游的重头戏。

3. 历史人物故事演艺

西藏是一方充满传奇色彩的土地。雄鹰般的格萨尔王、睿智仁慈的文成公主、谱写洪荒传奇的国王启灵等，都给西藏厚重的历史长卷刻下了浓墨重彩的一笔。围绕这些家喻户晓的历史人物，西藏着力打造了一批文化内涵丰厚、艺术品位上乘的旅游演艺项目。如大型实景剧《文成公主》通过舞台叙事、影像穿插、沉浸互动等方式，生动再现了一代公主远嫁吐蕃、促进各族文化交流的感人故事，成为西藏文化旅游的新名片。这些根植于西藏本土历史文化的文艺演出，用"西藏故事"打动人心，用"中国声音"传播文明，极大地拓展了西藏文化旅游的外延。

(二) 现代科技与演艺旅游融合

1. 打造沉浸式主题乐园

随着旅游消费需求的不断升级，传统景区、景点的吸引力日渐式微。主题公园以其独特的文化内涵、良好的游览体验，成为旅游市场的"新宠"。在此背景下，西藏积极推动文化与科技、文化与旅游、文化与金融等领域深度融合，着力打造了一批极具区域特色的主题公园。如今，世界上海拔最高的主题公园——拉萨德吉罗布儿童乐园已建成开业，这是一座融合藏族文化、现代科技、生态体验等多重元素的大型综合性主题乐园。拉萨德吉罗布儿童乐园内设有文成公主大剧院等十余个主题分区，汇聚了大量高科技体验项目，为游客打造沉浸式观光体验。此外，西藏还规划建设了纳木错旅游度假区、希夏邦马峰国际旅游度假区等多个大型文旅项目，将主题公园作为未来文旅融合发展的新引擎。

2.VR技术助力实景演出

实景演出是指，在特定的自然环境或文化遗存中，以当地的历史文化、民俗风情、自然景观等为创作元素，融合现代声、光、电等科技手段，打造沉浸式观演体验的文旅演艺形式。近年来，西藏充分发掘高原独特的自然生态和人文资源优势，推出了一系列引人入胜的实景演出项目。随着5G、VR等新技术与实景演出的深度融合，高科技舞台机械、沉浸式互动体验将成为西藏文旅演艺发展的新方向，为游客带来更加震撼的艺术享受。

三、文化创意与旅游商品融合模式

（一）文化创意旅游商品设计

1. 文化元素提取

西藏文化博大精深，孕育了大量极具特色的文化符号、历史典故、民族图案等，为文创产品开发提供了丰富的素材。近年来，西藏以唐卡、藏毯、藏香、藏银等十大类非遗项目为重点，系统梳理传统工艺技术中的代表性图案、材料、色彩等元素，建立西藏特色文化元素库。各地文创企业以西藏特色文化元素库为依托，开发了一大批既有传统韵味又富现代时尚感的文化创意产品。如拉萨、日喀则等地运用唐卡艺术元素设计的文创产品，图案丰富、造型优美、色彩绚丽，在年轻消费者中大受欢迎。山南以藏族服饰、藏刀等特色文化元素为灵感，成功研发出一批深具地域特色的旅游纪念品。这些文创产品的问世，极大地丰富了西藏文旅商品的文化内涵。在第四届中国西藏旅游商品创意设计大赛上，西藏推出的创意文旅商品多达 2000 款，其中有 50 款作品获得创新设计奖。这充分体现了西藏文创产业蓬勃发展的生机与活力。

2. 创意设计开发

西藏地方政府高度重视文化创意产业发展，将文创产品开发作为推动文旅融合、促进产业发展的重要着力点。一方面，设立专项资金支持文创企业发展，引进国内外知名设计团队为西藏文创产业赋能；另一方面，搭建文创产业园区、特色文创街区等文创企业集聚发展平台，为文创产品的研发制造、展示交易提供良好环境。拉萨市以西藏文化广电艺术中心为依托，汇聚了一大批从事文创设计、影视动漫制作的企业，形成了极具特色的西藏文化创意产业园。借助专业设计力量，西藏文创产品的设计水平和科技含量大幅提升。比如，日喀则扎什伦布寺文创中心与清华大学美术学院合作，以扎什伦布寺的独特建筑、珍贵藏品为创作灵感，设计了一套文创产品。产品融合了现代设计理念和3D打印、纳米喷涂等先进工艺，不仅提升了扎什伦布寺文创的艺术品位，也为游客提供了丰富的文化体验。此外，各地还定期开展"西藏文创奖""西藏十大文创精品"等评选表彰活动，引导更多高校、科研机构参与西藏文创产品的研发设计，激发全社会参与的积极性和创造性。据统计，2020年西藏文创产业总产值达到58亿元，带动就业3.5万人，成为助力西藏经济社会发展的新动能。

3. 商品包装宣传

西藏以提升文创商品附加值为目标，充分运用现代科技手段，在商品包装设计上下功夫，提升文创产品的艺术感染力。比如，西藏博物馆文创中心与国内知名设计公司合作，以青稞酒包装设计为切入点，融入格萨尔王、藏式花纹等文化元素，并采用环保材料精工制作，研发出造型新颖、寓意吉祥的文创酒品，受到消费者的广泛好评。包装设计的精美化、个性化，极大地提升了西藏文创产品的品牌影响力。

（二）文化创意旅游商品营销

1. 销售渠道建设

西藏地处高原，区位偏远，文创商品的销售渠道建设面临诸多挑战。为扩大西藏文创产品的市场覆盖面，西藏大力推进文创商品营销渠道建设，积极开拓国内外市场。线下方面，在机场、火车站、星级酒店等重点区域布设文创体验店，提升游客的可及性和便利性。同时，鼓励各个景区发展文创衍生品，开设文创专柜，通过就地销售拉动文创消费。截至2020 年底，西藏已建成位于布达拉宫、罗布林卡等地的 30 余家文创体验店，为游客提供了丰富的文创消费选择。线上方面，西藏利用直播带货等新型营销方式，在淘宝、抖音、快手等主流电商平台开设西藏文创馆，打造 "网上西藏""指尖西藏"，让西藏文创走进千家万户。2020 年 "双 11"期间，西藏文创产品的网上销售额达到 1600 余万元。未来，随着 "互联网＋"的持续推进，西藏文创商品 "两条腿"走路的新格局将进一步巩固，为西藏文旅融合发展提供新的增长点。

2. 营销活动策划

文创商品的销售离不开创意营销。西藏坚持把创新作为营销的生命线，不断优化营销方式，精心策划主题营销活动，提升文创商品的关注度和美誉度。近年来，西藏充分利用 "中国旅游日""西藏旅游月"等重要节点，推出 "相约西藏·文创有礼""非遗购物节"等一系列营销活动，并且通过发放消费券、举办网红直播等方式，吸引更多消费者购买西藏文创。2020 年 "五一"期间，西藏推出 "我的西藏style"主题文创展，通过情景互动和赠送文创伴手礼，让游客沉浸式体验西藏文化，取得了良好的营销效果。同时，各地还积极与头部直播平台开展跨界合作，邀请李佳琦等知名主播为西藏文创代言，精准触达年轻消费群体。2021 年 "五一"期间，西藏联动抖音发起 "遇见西藏 邂逅文创"短视频挑战赛，吸引网友 "种草"西藏文创，吸引粉丝量达 3200 万名，引发消费热潮。此外，西藏还积极参与香港文博会、深圳文博会等展会，通过文创展示、与非遗大师互动等形式，持续扩大西藏文创的市场影响力。精准的市场定位、新颖的营销方式、频繁的营销活动，正成为西藏文创产业弯道超车的法宝。

3. 品牌形象塑造

品牌是企业参与市场竞争的"通行证"。塑造知名文创品牌，是西藏文创产业做大、做强的必由之路。一方面，西藏以唐卡、藏毯、藏香等特色非遗项目为依托，打造一批富有地域特色、文化内涵的区域公用品牌。比如，"唐卡故里"日喀则、"藏毯之乡"山南等区域公用品牌，极大地提升了当地文创产品的知名度和认可度。另一方面，推动骨干文创企业争创自主品牌，将藏文化的精髓植入产品设计、融入品牌理念，通过讲好品牌故事，树立文创产品的文化标识。西藏已培育"仓央嘉措"工艺品、"雪域天珠"藏饰等一批深受消费者喜爱的文创品牌，在细分市场独树一帜。特别是来自日喀则市的"益西康桑"藏香，作为杭州 G20 峰会国礼益西康桑得到广泛赞誉，品牌价值不断攀升。与此同时，各地还积极开展"西藏十大文创品牌""最受游客欢迎文创商品"等评选表彰活动，引导更多文创企业树立品牌意识，加强品牌培育，提升品牌溢价能力。可以相信，随着西藏文创品牌的持续做大、做强，品牌必将成为助推西藏文旅高质量发展的新引擎，让西藏这座雪域高原上的文化宝库愈加璀璨夺目。

第三节　西藏文旅资源融合发展面临的机遇与挑战

一、西藏文旅的机会

（一）国家支持西藏文旅产业发展的政策红利正在持续释放

进入新发展阶段，以习近平同志为核心的党中央把支持西藏文化旅游产业发展摆在了更加突出的位置。西藏要打造成为全国重要的清洁能源基地、国家生态安全屏障、特色农牧业基地、特色文化和旅游目的地。2011年6月，《国务院办公厅关于印发兴边富民行动规划（2011—2015年）的通知》发布，明确提出："充分挖掘丰富的民族传统文化资源，打造特色文化品牌，推动非物质文化遗产生产性保护和利用，发展文化产业。依托旅游资源优势，推动文化与旅游的深度融合。大力培育开发具有边境特色的重点旅游景区和线路，鼓励发展边境旅游、民族特色村寨旅游、休闲度假旅游、生态旅游、探险旅游、农业旅游等特色旅游。"这为西藏文旅产业发展指明了方向，必将带来一系列配套的政策利好和项目支持。

与此同时，自治区层面也密集出台了一系列政策举措，为西藏文旅产业发展注入强劲动力。比如，自治区印发了《西藏自治区"十四五"时期旅游综合发展规划》，对未来5年西藏文旅融合发展作出系统谋划和战略部署。自治区还设立了文化产业发展专项资金，鼓励社会资本投资文旅项目，促进文化创意、旅游装备等产业发展壮大。可以预见，国家支持西藏文化旅游发展的政策利好将持续释放，为西藏文旅产业发展提供强大政策支撑。

（二）现代科技为文旅产业数字化转型按下"快进键"

当前，以 5G、人工智能、大数据、VR、AR 等为代表的新一代信息技术加速演进，为文化和旅游产业转型升级、提质增效按下了"快进键"。近年来，西藏积极抢抓数字经济发展机遇，大力实施"数字西藏"发展战略，新一代信息基础设施建设取得重大进展。拉萨、日喀则等重点城市和旅游景区已经实现了 5G 网络全覆盖，通信能力大幅提升。与此同时，西藏还建成了全区统一的智慧文旅云平台，汇聚文物、非遗、旅游资源等各类文旅数据，为文旅产业数字化、智能化、网络化发展奠定了坚实基础。

下一步，西藏将以"智慧文旅"为抓手，加快文旅产业数字化转型。比如，运用 5G、VR 等技术，打造沉浸式文化体验，让布达拉宫、大昭寺等人文景观"活起来"；运用大数据、云计算等技术，建设文旅大数据中心，为景区智慧化管理、旅游产品精准营销赋能；借助短视频、直播等新型传播方式，讲好西藏故事，传播好西藏声音，打响文旅品牌。未来，随着现代科技与文旅产业加速融合，科技范儿十足的新业态、新模式必将迸发出澎湃活力，成为西藏文旅产业提质升级的新引擎。技术创新必将推动西藏文旅产业实现弯道超车、换道领跑，在数字经济时代抢占发展先机。

（三）拉萨、日喀则两大文旅融合先行区的示范引领作用凸显

近年来，西藏把打造世界旅游名城作为推进新型城镇化工作的重要突破口。2017 年，拉萨获批国家全域旅游示范区，成为开展文旅融合发展的先行先试区。拉鲁湿地等一大批文旅项目相继建成开放，作为拉萨的重要组成部分，堆龙德庆区正着力打造康养旅游先导区，重点建设羊卓雍错、古格王朝遗址等一批康养度假项目，力争到 2025 年，把堆龙德庆区建成全

国知名的康养旅游示范区。

作为藏文化的发祥地，日喀则拥有扎什伦布寺、帕拉庄园等一大批珍贵的文化遗产，独特的人文魅力举世闻名。近年来，日喀则大力发展文化旅游，已经成为西藏的文旅产业重镇。比如江孜县以"藏文化活化石"帕拉庄园为核心，建成了集藏文化体验、休闲度假等功能于一体的文化旅游园区，它是感受藏文化独特魅力的理想去处。白朗县依托深厚的藏戏文化底蕴，创新实施"政府引导、企业主体、农牧民参与"的发展模式，大力建设全国藏戏文化体验基地，让古老的藏戏文化重焕青春活力。下一步，日喀则将继续深化文旅融合，加快打造全国知名的文化旅游目的地。

拉萨、日喀则两大文旅融合先行区的率先突破，极大地增强了西藏各地推进文旅融合发展的信心。各地正以先行区为标杆，认真学习先进经验，加快推进文旅基础设施建设，着力打造富有地方特色的文旅品牌，加快形成文旅产业融合发展的生动局面。未来，随着更多极具特色的文旅项目的落地实施，西藏必将形成以点带面、纵深推进的文旅融合发展新格局，推动文旅事业迈上新的台阶。

二、面临的挑战

（一）文化内涵没有得到有效凸显

1. 文化价值凸显不够

西藏是中华文明重要的发祥地之一，在中华民族多元一体格局中具有独特而重要的地位。每一座雄伟的雪山、每一处古老的遗址、每一个动人的传说，都凝结着中华民族的悠久记忆，都凸显出西藏文化在中华文明谱系中的不可或缺。然而，当前一些文旅项目对西藏文化的民族性、区域性特征挖掘还不够，对藏族地区在中华文明历史进程中的重要贡献彰显还不够，对西藏文化的整体价值、长远价值阐释不够到位。正所谓"一花独放不是春，百花齐放春满园"。西藏文化是中华文化的重要组成部分，既具有自身的独特性，又同中华文化一脉相承、休戚与共。文旅资源整合必须坚持以我为主、为我所用，坚持理论联系实际，坚持守正创新、转化创新，充分阐释西藏优秀传统文化的当代价值，不断提升西藏文化的影响力和感召力，展现中华文明的多元一体和各民族共同缔造中华文化的历史事实，让西藏文化在中华文化大花园中绽放更加绚丽的光彩。

2. 文化元素应用简单化

随着文旅融合的纵深推进，西藏的景区景点、旅游商品中融入了越来越多的文化元素，极大地丰富了旅游项目的文化内涵。但不可否认，在文化元素的应用上，还存在简单化、表层化倾向。一些文旅企业对西藏传统文化的认知还比较肤浅，往往简单套用藏族图腾、藏式花纹等元素，对文化创意的精准度把控不够，导致许多文旅商品缺乏鲜明的文化特色，难以引起消费者的情感共鸣。比如，在文创产品设计领域，一些产品对藏族服饰、藏香、唐卡等元素的运用过于直白，缺乏对文化内涵的深度阐释，给人以简单粗暴之感。又如在主题景区打造中，一些项目对布达拉宫、雍布拉康等文化地标的再现还不够细腻，场景设置较为单一，未能充分利用声、光、电等现代科技手段再现西藏文化的魅力。文化是旅游的底色，创意是文化的翅膀。随着旅游进入体验时代，游客对旅游产品文化内涵的要求越来越高。对标人民群众高品质、多样化的旅游消费需求，西藏文旅战线必须进一步提升文化自觉，在文化资源转化上下更大功夫，推出更多叫得响、留得住、带得走的"西藏礼物"，贴合人民群众对美好生活的向往。

3. 文化体验设计单一化

体验式消费已然成为旅游业发展的显著特征。游客不再满足于单纯的观光游览，更希望通过互动参与获得沉浸式文化体验。然而，在文旅资源整合过程中，西藏一些地方的文化体验项目设计还比较单一，参与性、交互性不足，未能充分调动游客的参与热情。比如，在博物馆、文化展览中，陈列方式较为呆板，缺乏情景再现等沉浸式体验环节，观众往往是走马观花，难以对展品内容产生深刻印象。再如，在民俗体验活动中，一些地方为吸引游客，热衷于打造表演性项目，却在互动参与环节的设计上较为薄弱，游客难以切身感受民俗文化的魅力。新时代推进西藏文旅融合发展，必须突出以人民为中心的发展思想，从满足人民群众美好生活需要出发，坚持文化演艺与科技创新相结合、文化体验与互动参与相结合，不断丰富沉浸式体验内容，提升文旅消费的获得感和幸福感。唯有在文化体验中实现情感交流的升华，在参与互动中形成心灵沟通的共鸣，西藏文旅资源整合才能真正滋养游客的心田，为新时代文旅融合发展注入不竭动力。

（二）文旅产业发展存在问题

改革开放以来，西藏文旅产业规模不断壮大，已成为西藏优势特色产业和国民经济支柱产业。但与发达地区相比，西藏文旅产业大而不强，规模效益总体还不够高，市场主体数量少、实力弱，产业链条短、附加值低，与高质量发展的要求还有一定差距。

一是文旅市场主体小、散、弱的格局尚未根本扭转。西藏文旅企业以中小微企业和个体工商户为主，全区平均每万人拥有的国有文化企业、规模以上文化企业数量均低于全国平均水平，西藏文旅市场存在市场主体"小、散、弱、缺"等问题，缺乏具有较强资金实力、科技实力、品牌实力，能够引领行业发展的龙头企业。二是文旅消费规模偏小。2019年西藏人均文化和旅游消费支出分别为549元和2996元，低于全国平均水平。同时，西藏中高端文旅消费产品供给不足，文旅消费潜力有待进一步激发。三是文旅产业链不够完整。游客更多游览西藏的自然风光，深度体验本土文化的机会较少。文创产品开发水平不高，衍生消费较为匮乏。康养度假、研学旅行、文博会展等新业态发展相对滞后，产业融合的广度和深度不够。四是文旅对外开放水平偏低。2019年西藏接待入境过夜游客22.1万人次，实现旅游外汇收入1362万美元，在全国排名靠后。同时，西藏文旅服务贸易发展滞后，吸引外商直接投资的金额较小，对外文化贸易逆差较大，文旅产业国际竞争力不强。

必须看到，市场主体活力不足已成为制约西藏文旅产业做大、做强的关键。只有充分释放和激发各类市场主体的活力和创造力，才能推动西藏文旅产业迈向更高质量、更有效率、更加公平、更可持续的发展。要深入实施创新驱动发展战略，聚焦数字化、网络化、智能化，推动文化与科技融合，催生一批新技术、新业态、新模式。要加大龙头引领型企业培育力度，注重"链主"企业、生态主导型企业培育，提升产业链整体竞争力，让"西藏文旅"品牌叫得更响亮。要坚持以人民为中心的发展思想，顺应居民消费升级趋势，创新文旅消费内容和形式，打造一批既叫好又叫座的文旅消费新热点。要以开放促改革、促发展，学习借鉴发达地区文旅产业发展的先进经验，主动融入全国文旅市场大循环，加快与"一带一路"共建国家和地区的人文交流，不断拓展发展新空间。唯有如此，才能推动西藏文旅产业发展进入提质增效、增量崛起的新阶段。

1. 产业之间协同发展不足

1.1 产业链条断裂

文化与旅游是一对相互依存、相互促进的好搭档。没有文化的滋养，旅游就失去了灵魂；而没有旅游的放大作用，文化也难以焕发生机。推进文旅产业协同发展，打造集旅游、文化、体育、康养等于一体的现代产业体系，是新时代西藏经济转型升级的重大课题。然而，受体制机制、资源要素等因素制约，西藏文旅产业融合发展的广度、深度都还不够，文化产业链与旅游产业链尚未实现有机衔接、协同发展。比如，西藏文创产业总体规模偏小，园区平台建设滞后，创意设计、人才培养、创业孵化等配套服务能力不足，缺乏对旅游消费的有力支撑。文艺演出、动漫游戏、影视传媒、数字出版等新兴业态规模较小、实力不强，对旅游市场的拉动作用有限。反过来，旅游产业对文化资源的整合利用不够，旅游演艺、旅游节庆、旅游商品开发等领域"粗放式"发展问题较为突出，文化创意的转化路径不够通畅，文化产业发展的市场土壤尚不成熟。在当前和今后一段时间内，西藏要立足新发展阶段、贯彻新发展理念、构建新发展格局，坚持以供给侧结构性改革为主线，在文旅产业园区建设、产业集群培育、创新资源整合模式等方面多管齐下，加快打通文旅产业链、创新链、供应链，不断做大、做优、做强文旅产业"朋友圈"，形成文旅产业相互促进、协同发展的良性生态，助推西藏经济社会高质量发展。

1.2 产业联动不畅

文旅产业具有高度的关联性和渗透性，推动其他产业转型升级、提质增效的带动作用日益凸显。然而，西藏文旅产业与物流、健康、金融等相关产业的关联还不够紧密，"文旅＋"跨界融合新业态培育还处于起步阶段，产业协同作用发挥不充分。比如，西藏文旅产品的线上销售渠道不够畅通，仓储物流配送体系不够完善，在很大程度上制约了文旅消费的提质扩容。对文旅产业与医疗康养融合发展的探索还不够深入，高原康养小镇、藏医藏药康养等新业态亟待培育，跨界融合发展的新路子还没有完全打开。金融服务文旅产业发展的力度还不够大，针对文旅企业的投融资产品创新不足，文旅企业"融资难、融资贵、融资慢"等问题尚未得到根本解决。在以国内大循环为主体、国内国际双循环相互促进的新发展格局下，西藏要充分发挥独特的区位优势和资源禀赋，进一步优化提升文旅产业，加快培育文旅与物流、健康、金融等产业融合发展的增长点，打造拉动内需、畅通循环的重要引擎，在服务和融入新发展格局中实现更高质量、更有效率、更加公平、更可持续、更为安全的发展。

2. 体制机制改革有待进一步深化

2.1 政府职能需要转变

党的十八届三中全会以来，西藏深入推进文化和旅游领域改革，在转变政府职能、简政放权等方面取得了积极进展，但体制机制的顺畅程度与建设国际一流旅游目的地的要求还有一定差距。当前，政府职能转变还不彻底，在文旅资源开发、市场监管等领域，还存在越位、缺位问题。一些文旅国企内部改革步伐缓慢，经营机制不活，创新发展的内生动力不强。

跨区域、跨部门的协调配合机制还不健全,文旅资源共享、利益共享的大格局尚未完全形成。文旅市场综合执法体系、信用体系建设还有待加强,维护公平竞争的市场秩序任重道远。下一步,西藏要以深化改革为动力,进一步转变政府职能,推动政府部门从文旅资源的直接管理者转变为行业发展的服务者和监管者。深化国有企业改革,加快推进自治区本级文旅企业整合重组,组建综合实力强、市场竞争力强的文旅产业集团。建立健全跨区域、跨部门的协调机制,推进文旅资源的市场化配置。加快构建文旅市场综合监管体系,强化信用体系建设,维护良好的市场秩序。不断深化体制机制改革,为西藏文旅融合高质量发展提供强劲动力。

2.2 各类市场主体参与市场竞争不公平

产权多元化是社会主义市场经济的本质要求。然而,受传统体制机制的影响,西藏文旅产业的市场化程度不高,各类所有制文旅企业平等参与资源整合的环境还不完全具备,文旅资源配置方式较为单一。具体而言:国有文旅企业在资源获取方面优势明显,但体制机制不够灵活,与市场接轨不够紧密,在盘活存量资源、创新发展模式上还有不少困难;民营文旅企业机制灵活、创新活力强,但在文旅资源整合过程中话语权不大,融资渠道单一,参与资源整合的广度和深度不够。当前,中国正处在由高速增长阶段转向高质量发展阶段的关键时期。对标高质量发展要求,西藏必须进一步深化文旅领域改革,在完善产权制度、要素市场化配置等方面持续发力,最大限度消除各种显性和隐性壁垒,打造规范、透明、公平、有序的文旅资源配置机制,为各类文旅市场主体参与资源整合提供制度化保障。同时,积极引导各类文旅企业创新资源整合模式,在深化混合所有制改革、开展国企民企合作、探索多元投融资等方面取得新突破,不断做大、做优、做强西藏文旅产业,加快构建西藏文化旅游现代化产业体系。

3.西藏文旅企业资源整合能力不强

市场主体是推动文旅资源整合的关键力量。西藏文旅企业总体规模偏小、竞争实力不强,在文旅资源市场化配置中的主导作用还没有完全发挥出来。不少文旅企业对特色资源价值的认识还不到位,资源整合的主动性不够、创造性不强,跨界融合、开放合作的发展理念尚未完全形成。这表现在:一些文旅企业固守传统思维定式,创新发展的紧迫感不强;在与上下游企业开展业务协作时,存在单打独斗、各自为政等问题;对文化资源的挖掘利用不够,难以激发将其转化为现实生产力的内生动力。可以说,文旅企业的资源整合意识,在很大程度上决定着西藏文旅资源整合的成败。新时代推动西藏文旅融合发展,必须进一步解放思想、更新观念,引导广大文旅企业树立系统思维和全局意识,自觉将企业发展放到西藏长治久安、繁荣发展的大局中谋划,在服务大局中找准定位,加快构建产业链上下游协同、区域内外资源互补的发展新格局,充分释放文旅资源的乘数效应和裂变效应,在高质量发展中彰显头雁风采。

4. 文旅消费需求变化带来转型升级压力

近年来,因为新冠疫情的影响,人们的消费观念和行为发生了变化,"就地过节""近郊休闲"成为消费新风尚。与此同时,随着5G时代的到来,"宅经济""云生活"等新业态蓬勃发展,直播带货、线上演播、虚拟展览等成为文旅消费新场景。这为传统的景点观光、门票经济等发展模式带来了严峻挑战,倒逼西藏文旅产业加快优化升级。

一是创新程度不足。许多文旅企业的开发理念和经营方式相对传统，缺乏全域旅游、体验经济、智慧旅游等新发展理念，对个性化、定制化消费需求的响应不够灵敏，产品和服务创新不够。二是文化内涵不足。文旅资源开发还较多停留在简单的观光游览层面，文化体验性不强。目前，藏戏、藏医药等深厚的文化资源转化为旅游吸引物的途径不畅，高品质文旅演艺产品匮乏。三是科技应用不足。"互联网＋旅游""智慧景区"等信息化项目推进不快，线上线下融合发展不够，文创电商、共享住宿等新业态、新模式起步较晚，"放心游""诚信游"的软硬件基础设施不健全，还不能充分满足游客的智慧化、个性化消费体验。四是标准规范体系不健全。文旅服务、设施配置、环境卫生、应急管理等行业标准不完善，特别是藏区特色文旅标准亟待健全，这使西藏与建设国际一流旅游目的地、提升游客获得感的要求还有差距。

"遇变则变，遇险则进。"要坚持以变应变、主动求变，树立内容为王、创新为要的发展理念，不断丰富产品业态，创新服务方式，以高品质供给引领和创造旅游消费新需求。要坚持以文塑旅、以旅彰文，推动文旅跨界融合，促进文化和旅游在更广范围、更深层次、更高水平上实现协同发展。要强化文旅与信息技术的深度融合，利用大数据进行精准营销、个性服务，发展智慧景区、智慧酒店、智慧博物馆。要积极运用直播、短视频等新媒体营销方式推广特色文旅产品，打造网红"打卡地"。要加快健全文旅服务标准和规范，在服务质量、卫生健康、应急反应等方面制定细则，努力为游客提供安全、便捷、舒心的旅游体验。

5. 基础设施仍是制约文旅融合发展的短板

党的十八大以来，西藏文旅基础设施建设成效显著，为产业发展奠定了坚实基础。但不可否认，与建设国际一流旅游目的地的要求相比，西藏在综合交通、配套服务、智慧化管理等方面还存在一些短板和弱项，它们共同制约了文化和旅游资源的整合开发，影响了融合发展水平的整体提升。

一是综合交通网络有待进一步完善。受限于特殊的地理环境，西藏交通基础设施建设难度大、成本高，快速铁路尚未全面贯通，进出藏和区内交通不够便捷。二是文旅基础设施存在区域不平衡。拉萨、林芝等传统景区的基础设施建设水平较高，而那曲、阿里等地的文化场馆、旅游厕所等还比较匮乏。三是旅游公共服务设施相对滞后。高原反应救治点、自驾车营地、房车露营地等配套设施明显不足，满足游客多元化、个性化需求的能力有待加强。四是文旅智慧化水平有待进一步提升。"互联网＋旅游"新业态培育较慢，智慧景区、智慧博物馆等信息化项目建设滞后，文旅大数据资源开发利用不足，还不能很好地为游客提供"一站式"智慧文旅服务。

对此，必须高度重视文旅基础设施这一"先手棋"，按照适度超前的原则，加大投入力度，完善功能配置，优化空间布局，推动文旅基础设施从"有没有"向"好不好"跃升。要积极争取国家支持，谋划建设一批具有全局性、战略性、标志性的文旅重大项目，尽快补齐发展短板。要创新投融资机制，充分发挥政府和社会资本合作（PPP）模式的作用，撬动更多社会资本投向文旅基础设施领域。要强化统筹协调，加强各类文旅资源的整合共享，推动文旅基础设施一体化发展，释放资源要素的乘数效应。

通过持续用力，切实把资源优势、生态优势转化为发展优势，不断夯实西藏文旅产业高质量发展的物质技术基础。

6. 文旅人才培养滞后

6.1 人才资源匮乏

人才资源是文旅融合发展的第一资源。当前，西藏在高层次文化和旅游人才培养方面还存在不少问题。一方面，文旅专业人才总量不足，专业化程度有待提高。受教育基础、地理区位等因素制约，西藏本土文旅人才培养相对滞后，在文化资源保护利用、旅游规划设计、项目策划包装等领域缺乏顶尖人才和领军人物，难以适应文旅产业转型升级的现实需求。另一方面，文旅复合型人才匮乏，跨学科、跨领域知识储备不足。在大数据、云计算、人工智能等现代科技与文旅产业深度融合的背景下，集文化艺术、旅游管理、信息技术等多学科知识于一身的复合型人才愈加吃香，而西藏在这类人才的培养引进方面还有较大欠缺。当前和今后一个时期，对接"十四五"文旅产业发展规划，对标国际一流旅游目的地建设标准，西藏必须把"人才强藏"作为文旅高质量发展的头等大事来抓，进一步加大文旅人才教育培养力度，优化人才发展环境，用好、用活人才评价、流动、激励等政策，不断开创人才工作新局面，为西藏文旅融合发展提供坚实的智力支撑和人才保障。

6.2 人才培养机制不健全

文旅人才培养是一项系统工程，需要政府、企业、院校、社会等多方协同发力。然而，西藏尚未真正建立起多元协同、开放融合的文旅人才培养机制。一是政府主导作用发挥不充分。人才资源配置缺乏整体规划，宏观调控和政策引导力度不够，文旅人才培养的体制机制亟待进一步健全完善。二是校企合作不够紧密。文旅院校专业设置与产业需求衔接不够紧密，实践教学环节薄弱，毕业生难以快速适应文旅市场需求。文旅企业参与人才培养的主动性不强，产教融合、校企合作的广度和深度问题有待解决。三是继续教育有待加强。针对文旅从业人员的教育培训力度不够大，培训内容不够丰富，难以满足文旅产业发展的多样化人才需求。站在新的历史起点，西藏要充分发挥党委领导、政府主导作用，深化产教融合、校企合作，健全以就业为导向的人才培养模式，强化文旅人才继续教育，加快构建与文旅产业发展相适应的现代文旅教育体系，为西藏文旅产业高质量发展提供源源不断的人才"活水"。

6.3 专业文旅人才紧缺

一是西藏文旅从业人员以初中、高中学历为主，旅游管理、会展策划、文创设计等领域的专业人才严重不足。高端创意人才、文化经纪人、数字化人才等"金字塔"尖端人才数量更少。二是经营管理人才不足。景区、酒店、旅行社等文旅企业经营管理人才普遍缺乏创新意识和国际视野，不善于应对市场变化，开拓市场的能力不强。同时，专业化的职业经理人市场化选聘机制尚未建立，优秀企业家人才青黄不接。三是基层文旅人才能力素质有待提升。乡村文艺骨干、民宿管家、藏式旅游向导等带有鲜明藏域特色的基层文旅人才数量不足。许多一线服务人员在语言沟通、服务礼仪、应急处置等方面存在不足，专业服务意识有待加强，能力有待提升。

要建立健全文旅人才培养引进机制，在重点院校招收西藏籍文旅专业学生，为西藏量身定制文化管理、旅游管理、艺术设计等专业的人才。积极引进国内知名院校文旅专业毕业生来藏就业、创业，为他们在政策、资金等方面提供支持。要完善职业教育和培训体系，以市场需求为导向设置和调整专业，加强复合型、技能型人才培养。依托景区、博物馆等平台，常态化开展导游员、讲解员等岗位培训，提升文旅一线服务人员的专业素养和服务水平。要创新人才激励机制，完善以创新能力、质量、实效、贡献为导向的科学评价体系，让更多文旅人才脱颖而出。在落户、住房、子女入学等方面给予政策倾斜，完善人才待遇保障，增强文旅人才的获得感和荣誉感。要大力弘扬尊重劳动、尊重知识、尊重人才、尊重创造的良好氛围，厚植爱国奉献、追求卓越、勇于创新的家国情怀，让文旅人才创新、创业的热情竞相迸发。

人才强则文旅兴，人才优则文旅优。必须从服务西藏长治久安和高质量发展的战略高度，把人才工作摆在更加突出的位置，树立人才是第一资源的理念，坚持党管人才原则，完善人才工作体制，创新人才培养使用机制，打造一支德才兼备、素质优良的文旅人才队伍。

第四节　西藏文旅资源融合的SWOT分析

一、优势（strengths）

（一）文化资源独特性

1. 民族文化多样性

西藏是一个多民族聚居区，主要居住着藏族、门巴族、珞巴族、回族、汉族等民族。在漫长的历史发展中，各民族文化交流交融，西藏由此形成了独具魅力的多元文化格局。其中，以藏族传统文化最具代表性。从世界屋脊的雪域高原到大河谷流域的江河峡谷，从神圣庄严的宫殿寺院到淳朴闲适的牧区村寨，西藏各地的藏族文化各具特色、异彩纷呈。藏族的语言、文字、宗教、艺术，以及服饰、饮食、节庆、习俗等，独特而丰富，集中彰显了藏族人民的智慧才华和审美情趣。门巴族是西藏特有的世居少数民族，主要分布在喜马拉雅山南麓、雅鲁藏布大峡谷一带。门巴族人热情好客、能歌善舞，所居住的碉房、从事的刀耕火种，所进行的赛马、摔跤等民俗活动，都展现出别样的文化风情。珞巴族是中国人口最少的民族之一，主要聚居在西藏东南部的察隅等地。他们崇尚自然、淳朴善良，竹楼、左贡刀、木碗舞等，呈现出原始古朴的文化风貌。回族、汉族等各民族也为西藏的历史文化发展做出了重要贡献。比如，拉萨的清真寺、汉式建筑等，都体现了多民族文化交流融合的深刻印记。正是在中华民族多元一体格局中，西藏才形成了如此丰富多彩的民族文化，极大地丰富了中华文明的文化内涵。

2. 宗教文化神秘性

藏传佛教是西藏最主要的宗教，有1000多年的传承历史。藏传佛教自吐蕃王朝时期传入西藏以来，深刻影响和塑造了西藏的社会文化生活。西藏现有寺院2700余座，几乎每一座城镇乡村都有寺院存在，香火旺盛。拥有僧尼15万余人，他们信仰虔诚。布达拉宫、大昭寺、扎什伦布寺等著名寺院，鲜明体现出藏传佛教的宗教神韵和文化内涵。尤其是布达拉宫，作为藏传佛教活动的中心，不仅是一座宗教圣地，是历代达赖喇嘛的居住地，更是一块汇聚了西藏政治、经济、文化、艺术等多重内容的文化瑰宝，素有"世界屋脊明珠"的美誉。在新的历史条件下，要充分尊重信教群众的宗教信仰，切实保护好珍贵的宗教文化遗产，在继承中发展，在发展中创新，深入推进宗教的中国化。

3. 历史文化悠久性

西藏是人类文明的重要发祥地之一。早在4万年前的旧石器时代晚期，古人类就在西藏这片土地上繁衍生息，创造了灿烂的远古文明。在漫长的历史长河中，西藏先民披荆斩棘、砥砺前行，创造了农耕文明、游牧文明等辉煌业绩。7世纪，吐蕃王朝的建立开启了西藏历史的新纪元。文成公主、金城公主入藏，松赞干布、赤松德赞励精图治，吐蕃王朝迎来了政治、经济、文化的全面繁荣，在中华文明史上写下了浓墨重彩的一笔。元、明、清各个历史时期，西藏地方政权与中央政府始终保持着政治、经济、文化的密切联系，形成了政教合一、王朝更替的发展格局。可以说，西藏历史文化是中华文明的重要组成部分，是中华民族多元一体格局形成发展的重要见证。辉煌的历史凝结着中华民族的悠久记忆，古老的文明孕育着各民族的精神家园。布达拉宫、大昭寺等名胜古迹，雍布拉康、鲁朗林海等自然人文遗产，格萨尔王、金城公主等英雄人物，无一不在历史长河中熠熠生辉、永放光芒。今天，我们要从历史中汲取文化养分，用中华优秀传统文化滋养人们的精神世界、涵育社会主义核心价值观，使历史文化基因在新时代的伟大实践中发扬光大、生生不息。

（二）旅游资源多样性

1. 自然景观壮美性

西藏地处世界屋脊青藏高原，平均海拔约 4000 米。在漫长的地质演化中，喜马拉雅山、冈底斯山、念青唐古拉山等山系纵横交错，雅鲁藏布江、怒江、澜沧江等大江大河奔流不息，形成了蔚为壮观的高原山地景观。从藏北高原到藏南谷地，每一处自然景观都令人叹为观止。珠穆朗玛峰、冈仁波齐峰、纳木错、羊卓雍错等一大批地质奇观、冰川圣湖，构成了西藏最富特色的自然旅游资源。尤其是珠穆朗玛峰，不仅是世界海拔最高峰，也是全球登山运动爱好者的朝圣地。西藏还拥有面积广阔的原始森林、苍茫草原、神秘冰川，以及高原湿地、高山牧场等多种类型的自然生态系统，孕育了丰富多样的动植物资源，堪称全球同纬度地区生物种类最为丰富的区域。西藏现有 11 个国家级自然保护区、47 个自治区级自然保护区，在保护区内栖息着大量珍稀野生动物，包括藏羚羊、野牦牛、藏原羚、白唇鹿、黑颈鹤等，极大地丰富了西藏旅游的观赏价值。高原的壮美雪域、江河的旖旎风光、原始的生态环境、神奇的野生动物，共同构成了西藏得天独厚的自然旅游资源，每年吸引着数百万名中外游客前来观光体验。

2. 人文景观多样性

西藏自古以来就是一个多民族聚居区，以藏族为主体，还有门巴、珞巴等少数民族。在多种多样的生产生活实践中，西藏各民族形成了丰富多彩的人文景观，这成为西藏旅游的一张亮丽名片。首先，西藏有众多的寺庙、宫殿等古建筑，布达拉宫、大昭寺、扎什伦布寺等藏传佛教圣地，每年都吸引成千上万的游客前来观光游览。其次，西藏的民居建筑极具特色，不同地区的藏式民居各具风格，它们错落有致地分布在雪域高原的山山水水间，与周围的自然环境相得益彰，构成了西藏乡村聚落的亮丽风景。最后，西藏还保留着大量的茶马古道等人文遗存，它们记录了西藏先民披荆斩棘、开拓进取的光辉历程。雍布拉康、昌珠寺等文化遗址，不仅承载着西藏千百年来的历史文脉，也成为吸引游客的热门旅游景点。2020年，西藏还进行了传统村落保护发展工作，加大对古建筑、古村落、古驿道等人文遗存的修缮力度，它们将进一步彰显西藏旅游的文化魅力。丰富的人文景观既是对西藏厚重历史的凝练，也是西藏多元文化的体现，为游客提供了独特的观光体验。

3. 旅游活动丰富性

西藏旅游资源类型丰富、品位较高，为开展多样化的旅游活动提供了广阔舞台。近年来，西藏立足资源优势，创新产品业态，推出了一大批极具特色的旅游活动项目。

第一，开发了登山探险、徒步穿越、自驾游等户外旅游项目。以珠峰为代表的高山雪岭，每年都吸引着中外登山爱好者前来挑战极限。以古格王朝遗址为核心的阿里大北线，已成为自驾游、徒步游的热门线路。

第二，开发了生态观光、科考探索等生态旅游项目。纳木错、冈仁波齐峰等圣湖、圣山，是高原生态体验的绝佳去处。羌塘、色林自然保护区内的野生动物资源，是科考探索的大好试验田。

第三，开发了康养度假、温泉疗养等休闲度假项目。得天独厚的生态环境、丰富的太阳能资源，使得西藏成为名副其实的"天然大氧吧"。林芝市墨脱县打造的高原桃花源康养小镇，以藏式特色康养为卖点，让游客在大自然中修身养性、健康养生。

西藏的旅游活动可谓丰富多样，为游客带来了独特新奇的观光体验。未来，随着人民生活水平的不断提高，随着大众旅游消费需求的快速升级，以康养旅游、研学旅游、体育旅游为代表的新业态将持续升温，成为西藏旅游发展的新亮点、新动能。

二、劣势（weaknesses）

（一）文旅基础设施建设水平有待提高

1. 交通设施不完善

交通是西藏文旅产业发展的生命线。交通基础设施建设相对滞后，成为西藏文旅资源开发利用的瓶颈。具体来看，西藏铁路、公路、航空等交通设施布局不够合理，区域交通一体化水平不够高，文旅资源富集区的深度开发受到交通因素的掣肘。比如，西藏现有的高速公路多分布于拉萨、日喀则等地，纳木错、雅鲁藏布大峡谷等重点景区往返不便，通达度不高；从拉萨至珠峰景区，需要走 G318，全程 1300 多公里，沿线路况复杂，交通成本居高不下；西藏的森林覆盖率高达 12.31%，绿水青山资源十分丰富，但布局分散、通达性差的林区公路，客观上限制了森林旅游资源的开发利用；西藏的航空运力相对不足，旺季一票难求，机票价格居高不下，严重制约了游客西行的出行意愿。当前，中国正处在全面建设社会主义现代化国家新征程的关键时期，西藏迫切需要进一步加快交通基础设施建设，加快构建安全、便捷、高效、绿色的立体交通网络，突破制约文旅产业高质量发展的瓶颈。

2. 旅游配套设施不足

从整体上看，西藏旅游基础设施和公共服务设施的规模总量、布局结构还不能完全满足游客多层次、多样化的消费需求，旅游配套设施短板问题还较为突出。比如，旅游厕所、游客服务中心、自驾车营地等，无论是在数量规模还是在建设标准上，西藏与中国其他地区都还存在不小差距。比如：按照《旅游厕所建设管理指南》要求，国家AAAAA级旅游景区的旅游厕所要达到A级标准，但西藏不少国家AAAAA级旅游景区的旅游厕所仅达到B级或C级标准，游客如厕环境亟待改善；景区旅游厕所分布也不尽合理，公厕普遍存在数量不足、布点分散、如厕高峰拥堵等问题。又如，许多景区的游客服务中心功能不全、业态单一，基本以售票、问询为主，餐饮、购物、娱乐、综合体验等功能明显不足，游客的消费需求难以就近满足。再如，西藏在景区道路、停车场等方面也存在规划滞后、数量不足、标准不高的问题。此外，国家AAAAA级旅游景区全域免费Wi-Fi覆盖率不高，严重影响了游客的旅游体验。可以说，一些重点景区存在重门票收入、轻服务配套的现象，导致游客的获得感不强，景区口碑效应不佳。未来，西藏要聚焦国家AAAAA级旅游景区等龙头景区，优化细化旅游设施规划布局，建立健全旅游厕所等公共服务设施的建设标准和运营管理机制，补齐旅游公共服务的短板弱项，不断提升西藏旅游的美誉度和国际影响力。

3. 信息化水平较低

当今世界正经历新一轮科技革命和产业变革，大数据、云计算、人工智能等现代信息技术日新月异，新技术与文化和旅游产业加速融合，催生出一大批新业态、新模式。一些发达地区抢抓机遇，大力实施"互联网＋旅游"战略，加快文旅产业数字化、网络化、智能化改造，推动文旅产业提质增效。相比之下，西藏文旅产业信息化基础较为薄弱，智慧景区、在线旅游、数字文旅等新业态的培育力度还不够大。一些地方对文旅信息化的重视程度不够，存在认识不到位、投入不足等问题。比如，个别国家AAAAA级旅游景区仅实现了售检票系统的信息化，游客服务、安全管理、环境监测等领域的信息化水平还很低。西藏文旅大数据平台建设相对滞后，数据采集渠道不畅，数据开发利用不足，景区精细化管理和个性化服务能力亟待提升。此外，西藏文旅网络宣传推广的针对性、有效性还不够强，文旅产品的互联网营销渠道拓展不够，难以满足游客的信息获取和消费体验需求。对标新发展阶段的更高要求，西藏文旅战线必须以时不我待的紧迫感，抢抓数字经济发展机遇，在数字文旅场景应用、文旅大数据中心建设、文旅产业数字化转型等方面多措并举，加快文旅产业与现代信息技术的融合创新，不断推动西藏文旅治理体系和治理能力现代化，奋力开创西藏文旅高质量发展的崭新局面。

（二）文旅产业发展水平不高

1. 文旅产品规划设计水平有待提升

产品是旅游的核心要素。游客的旅游体验在很大程度上取决于旅游目的地的产品供给能力和水平。西藏文化旅游资源极其丰富，特色鲜明，为文旅产品的开发提供了得天独厚的条件。然而，纵观西藏文旅市场不难发现，许多景区在旅游产品开发上还存在许多问题。以珠峰景区为例，尽管有着举世无双的自然景观，但景区产品仍以观光游览为主，对登山探险、野外露营等参与性项目开发力度不够，文化体验、科普教育等软性服务明显不足，游客的深度体验需求难以得到满足。

具体表现在，不少景区过度依赖自然和人文资源禀赋，热衷于打造简单的观光游览项目，对游客日益多元化、个性化的体验需求关注不够；产品结构单一，文化体验类、参与互动类项目明显不足，产品的吸引力和体验感不强，对文化内涵挖掘不够，产品打造流于表面，特别是在文化演艺、文创产品等领域，一些项目对藏族文化符号的运用过于简单化，对人文内涵的诠释不够深入，文化价值转化为旅游产品、文化资源转化为旅游消费的路径还不够通畅。

文旅产品是文旅融合发展的根本所在。随着大众旅游时代的到来，游客对文旅消费提出了更高的品质化、个性化要求。对标人民日益增长的美好生活需要，西藏文旅战线必须树立以人民为中心的发展理念，围绕"诗和远方"，深入发掘西藏特色文旅资源的精神内核，加快文旅产品的优化升级和创新供给。既要注重发挥西藏雪域高原、江河峡谷等自然旅游资源优势，加快推进自然资源的保护性、体验式开发利用，打造生态体验、科考探索等生态文旅精品，又要充分利用西藏深厚的历史文化底蕴，推动文旅与演艺、非遗、美术等文化产业深度融合，加大文化体验类、互动参与类产品的开发力度，让游客在文化旅游中提升精神境界，陶冶情操。唯有如此，才能更好地满足人民群众的多元化、个性化消费需求，让人民群众在优质文旅产品的供给中收获更多的获得感、幸福感。

2. 文旅服务质量有待提升

服务是旅游的生命线。游客对旅游的满意度在很大程度上取决于旅游服务的水平和质量。近年来，西藏文旅战线坚持以人民为中心，大力推进旅游厕所革命、智慧景区建设、旅游标准化管理，不断健全完善旅游公共服务体系，在提升游客旅游体验方面做了大量工作，取得了积极成效。然而，对标人民群众对美好生活的向往，西藏文旅服务的精细化、人性化、专业化水平还有待进一步提高。

一是在硬件服务设施方面，个别景区的公共服务设施规划布局不够合理，旅游交通、游客中心、厕所、标识等设施短板问题还比较突出，无障碍设施和母婴设施建设滞后，不能很好地满足儿童、老年人、残障人士等特殊群体的出行需求。二是在软性服务方面，文明旅游、诚信旅游的社会氛围还不够浓厚。一些景区的讲解员、导游员等从业人员的职业素养有待提高，他们服务意识不强，存在不文明行为，损害了西藏旅游的整体形象。同时，旅游市场秩序还不够规范，个别景区存在不合理低价游、强制消费等问题，侵害了游客的合法权益。三是在智慧化服务方面，在线预订、移动支付、电子讲解等智慧旅游新业态应用不够广泛，智慧景区、智慧酒店等建设力度有待加大，数字化服务能力亟待提升。

新发展阶段，推进文旅服务高质量发展，必须把握服务型经济、体验型消费的发展大势，以推动文旅产品提质升级为主攻方向，不断优化公共服务供给，规范旅游市场秩序，完善游客权益保障机制，让人民群众从优质高效、智慧精准的文旅服务中收获更多的获得感、幸福感。要全面推进景区厕所革命，加快景区停车场、游客中心等服务设施提档升级，完善残障人士无障碍服务设施，提高景区旅游服务的舒适性和便利性。要加大互联网应用力度，运用大数据、人工智能等新技术提升景区智慧化管理水平，为游客提供更加个性化、精准化的服务。要健全旅游市场监管体系，规范旅游企业经营行为，加大对损害游客权益、破坏市场秩序行为的查处力度，营造安全、诚信、有序的旅游消费环境。要大力弘扬工匠精神，实施导游队伍素质提升工程，并完善岗位培训和在职教育机制，以不断提高从业人员的业务能力和职业素养。在文化引领、制度保障、技术赋能的多重作用下，西藏文旅服务必将迎来高质量发展的崭新局面。

三、机会（opportunities）

（一）国家支持文旅产业融合发展

1. 政策支持力度不断加大

党的十八大以来，以习近平同志为核心的党中央高度重视文化事业繁荣发展，把满足人民美好生活的新期待作为文化建设的出发点和落脚点，作出推动文化和旅游融合发展的重大决策部署。2017 年，党的十九大报告强调，要推动文化事业和文化产业发展，健全现代文化产业体系和市场体系。2018 年，《国务院办公厅关于促进全域旅游发展的指导意见》把"推动融合发展，创新产品供给"列为重点任务，以更宽领域、更深层次、更高水平推进文旅融合发展。2019 年，《国务院办公厅关于进一步激发文化和旅游消费潜力的意见》提出，要促进产业融合发展，打造文化产业和旅游产业融合发展示范区，使文化和旅游消费业态不断丰富。中国的各项政策中关于推动文化和旅游融合发展的重要论述，是新时代文化建设的根本依据，是推动文旅产业高质量发展的行动指南。在利好政策的强力推动下，文化和旅游在更高起点、更高水平、更高目标上实现融合发展，正在成为传承弘扬中华优秀传统文化、提升国家文化软实力的战略选择。

2. 财政投入持续增加

文旅融合发展离不开必要的物质基础和要素保障。中央和地方各级政府坚持把财政资金投入作为支持文化和旅游融合发展的重要抓手，不断加大文化旅游基础设施投资力度，着力解决制约文旅融合发展的突出短板。"十三五"时期，全国一般公共预算文化旅游体育与传媒支出 1.83 万亿元，年均增长 6.75%，重点支持实施了文化遗产保护利用、现代公共文化服务体系建设、旅游厕所革命、乡村旅游提升等一大批文旅重大工程，极大地改善了中国文旅融合发展的基础条件。各地财政也陆续设立了专项资金，加大对文物保护、非遗传承、文化惠民、旅游基础设施等领域的投入力度。与此同时，为充分调动社会资本参与文旅项目建设的积极性，各级财政还发挥引导作用，通过贷款贴息、以奖代补等方式，吸引更多社会资本投向文旅项目。比如，2019 年文化和旅游部联合财政部共同设立文化和旅游发展专项资金，重点支持革命文物保护利用、国家文化公园、特色文化产业发展等项目，预计"十四五"期间将撬动数千亿元社会资本投入文旅领域。随着一系列精准有力的财政政策持续发力，文化和旅游的物质技术基础将不断被夯实，为文旅高质量融合发展注入强劲动力。

3. 体制机制改革不断深化

体制机制改革是推动文旅融合发展的"牛鼻子"。近年来，中央和地方坚持全面深化改革，以供给侧结构性改革为主线，加快转变政府职能，健全文化和旅游市场体系，优化文旅资源配置方式，为推进文化和旅游深度融合、高效协同营造了良好的制度环境。

一是实行政企分开、事企分开。将文化旅游行政管理与企业经营彻底分开，推动更多国有景区、演艺院团完成转企改制，打造面向市场、自主经营的文旅市场主体。

二是破除地区分割和行业垄断。加快文旅领域"放管服"改革，取消各种限制民资进入的不合理规定，为各类所有制文旅企业创造公平竞争的市场环境。

三是创新经营机制。在国有景区以及国有文旅企业中全面实行法人治理结构，建立现代企业制度，培育文化和旅游领域的"双百企业"，增强文旅企业活力和发展动力。

四是完善价格形成机制。开展景区门票定价成本监审，引导景区合理定价、阶梯定价，并探索实行淡旺季差异化票价，充分发挥市场机制在文旅要素配置中的决定性作用。

五是加强和改进文旅行业管理。整合设立文化市场综合执法机构，将文化、旅游等领域的市场监管职能归由一个部门行使，并创新监管方式，完善信用监管和联合惩戒机制，维护规范有序的文旅市场秩序。

可以预见，随着文旅领域的改革红利持续释放，随着优胜劣汰的市场竞争机制逐步建立，更多充满活力的文旅市场主体必将脱颖而出，推动文旅产业迈向更高质量发展的新阶段。

（二）大众旅游时代到来

1. 旅游消费需求不断升级

随着中国居民收入水平的持续提高，人民群众的物质文化生活日益丰富，旅游已成为人民群众提升幸福感、享受美好生活的重要方式。2021年全国居民人均可支配收入35128元，比2012年的16510元增加了18618元，年均名义增长8.8%，实际年均增长6.6%，高于同期GDP增速，旅游消费需求快速升级。2019年，全国国内旅游人数达60.6亿人次，比"十二五"末增长了1倍；旅游总收入达6.63万亿元，比"十二五"末增长了1.5倍。与此同时，人民群众的旅游消费观念不断更新，对旅游产品和服务的品质要求越来越高。过去，人们的旅游方式偏重于走马观花式的观光旅游，满足于"到此一游"式的景点"打卡"。如今，随着大众旅游时代的到来，人们对文化体验、休闲度假、康养旅游等方面的需求与日俱增。在住、吃、行、游、购、娱等旅游要素中，舒适性、文化性、参与性、个性化越来越受到重视。有数据显示，文化旅游、乡村旅游、研学旅行、自驾游、低空游等新业态、新热点已成为旅游消费的"主力军"，2019年合计产生旅游消费8600多亿元。可以说，大众旅游消费需求的快速增长和持续升级，为文旅产业高质量发展提供了广阔的市场空间。站在新的历史起点，文旅战线必须顺应大众旅游消费升级的时代大势，以文旅供给侧结构性改革为主攻方向，以满足人民群众高品质文化生活需求为根本目的，加快文旅融合发展，推动文化和旅游在更广领域、更深层次实现互促共进，切实增强人民群众的文化获得感、幸福感，不断满足人民群众对美好生活的新期待。

2. 文化旅游产品大受欢迎

大众旅游时代，人民群众对"诗和远方"的向往空前高涨。许多游客不再满足于走马观花式的"到此一游"，他们希望在旅游中感悟人文，陶冶情操，获得更丰富、更有品位的文化体验。在消费需求的带动下，寓教于乐、雅俗共赏的文化旅游产品日益成为市场"新宠"。各地文旅部门积极把握大众旅游消费升级趋势，以文化为魂，以旅游为体，大力发展红色旅游、研学旅游、非遗旅游等新业态、新产品，有力促进了文旅消费提质升级。比如，近年来，红色旅游产品供给日益丰富，讲解更加生动，体验更加沉浸，教育更加鲜活，已成为广大游客重温革命历史、接受爱国主义教育的重要途径。数据显示，2019 年全国红色旅游总人数超过 14 亿人次，综合收入突破 4000 亿元，分别是 2015 年的 3.2 倍、4.5 倍。又如，各地积极挖掘利用特色文化资源，开发研学旅行、非遗体验等文化体验类旅游项目，让游客在参与互动中感悟传统文化的独特魅力。故宫博物院推出的口述历史、昆曲体验等沉浸式文化项目，为游客提供了寓教于乐的文化体验，获得广泛好评。可以说，文化旅游产品的供给质量和数量持续提升，与大众旅游消费需求高度契合，成为拉动文化和旅游消费的"主引擎"。未来，随着人民群众的精神文化生活需求日益增长，随着以文化人的发展理念进一步深入人心，寓教于乐、雅俗共赏的文化旅游产品必将大行其道，成为满足人民美好生活需求的重要载体。

3. 个性化定制服务成为趋势

大众旅游消费需求的持续升级，推动旅游服务从标准化、同质化向个性化、定制化加速转型。过去，在规模化生产、批量化供给的工业经济时代，标准化的旅游服务占据主导地位。游客只能被动接受旅行社提供的统一行程安排，个性化需求难以得到充分满足。如今，随着消费者主权时代的来临，游客的旅游消费观念发生了深刻变化，对旅游服务的品质要求越来越高，个性化、定制化成为旅游消费的新常态。许多游客不再满足于被动接受现成的旅游产品，他们希望根据自己的喜好，获得专属的旅游服务。在消费需求带动下，个性化定制逐渐成为旅游服务的重要特征。一方面，不少在线旅游企业充分运用大数据、人工智能等技术手段，准确把握游客的个性化需求，为其提供互动交流、智能推荐、个性设计等服务，实现产品和服务的精准匹配。另一方面，传统旅行社积极创新服务模式，从单纯提供交通、住宿、门票等标准化服务，转向提供行程设计、向导讲解、康养度假等个性化增值服务，不断提升旅游服务的针对性和差异化水平。比如，90后新生代游客崇尚自由行，喜欢自主设计旅游路线，对互联网订票、移动支付、智能导览等个性化服务有较高要求。再如，亲子游、婚纱旅拍等细分市场规模不断扩大，对私人定制、个性化设计服务的需求持续升温。可以预见，随着个性化时代的到来，随着消费者主权意识的进一步增强，以需求为导向，提供更加个性化、人性化的旅游服务将成为大势。这对文旅企业适应市场变化、提升竞争实力提出了新的、更高的要求。只有加快数字化转型，充分利用大数据这个"富矿"，不断提高服务的精准度，才能更好地满足游客日益多元化、个性化的服务需求，在新一轮消费变革中抢占先机。

四、威胁（threats）

（一）与其他地区文旅产业竞争加剧

1. 周边省份文旅产业快速发展

随着"一带一路"倡议和全面推动长江经济带发展等国家战略的深入实施，西藏周边省份抢抓战略机遇，大力发展文化旅游产业，形成了较强的资源整合能力，在区域文旅竞争中的比较优势日益凸显。四川依托独特的巴蜀文化和秀美的自然风光，大力实施"旅游+"战略，建成了九寨沟、峨眉山等一大批国际知名景区，入境旅游市场连续多年位居中西部第一。云南立足"七彩云南""古滇名城"的资源禀赋，深入挖掘少数民族文化内涵，精心打造了丽江古城、大理古城等极具特色的文化旅游目的地，旅游业已成为云南支柱产业。青海主动融入"一带一路"，整合三江源、青海湖等生态旅游资源，建成了国家公园示范省，旅游产业对生产总值的综合贡献率超过 30%。作为与西藏毗邻的兄弟省份，四川、云南、青海的文旅产业正以饱满的朝气和昂扬的斗志，跑出加速度，奔向新高度。对标先进，向标杆学习，已成为西藏文旅产业跨越式发展的时代使命。未来，西藏要立足区位优势和资源禀赋，在国家重大战略框架下寻找战略支点，培育竞争优势，加快与周边省份在文旅规划、市场营销、品牌推广等方面的协作配套，努力在区域文旅竞合中赢得主动、实现突破。

2. 国内其他地区文旅融合趋势明显

进入新时代，在以习近平同志为核心的党中央领导下，全国上下对推进文化和旅游融合发展形成了广泛共识。东部沿海发达地区抢抓文旅融合发展机遇，在政策创新、体制机制改革、市场主体培育等方面先行先试，不断拓展融合发展的广度和深度。浙江提出全域文旅、全季文旅、全民文旅的发展路径，打造了乌镇、西塘等一批国际知名的文旅小镇；江苏发挥区位、科教和产业优势，着力推进文旅与现代服务业融合，常州、无锡等城市的文旅竞争力明显增强；海南以建设国际旅游消费中心为目标，大力促进文旅与现代服务业融合，三亚等海滨旅游城市的知名度大幅提升。中西部欠发达地区借力文旅融合东风，在盘活文旅资源存量、做大增量上持续发力，呈现出创新驱动、跨界融合的新气象。贵州围绕"山地公园省""多彩贵州风"定位，推动文旅与大数据深度融合，形成了独具魅力的文旅融合发展新业态；河南立足深厚的历史文化积淀，实施文旅融合提质工程，郑州、开封、洛阳的文化软实力和旅游竞争力稳步提升；宁夏发挥独特的区位和生态优势，建设贺兰山东麓百里文化旅游长廊，银川都市圈的文旅融合水平显著提高。纵观全国，随着文旅融合政策不断发布，随着现代服务业加速发展，文化和旅游在更广范围、更深层次实现互促共进已成为大势。西藏要增强机遇意识和责任担当，加快构建富有活力、特色鲜明的文旅发展新格局，在新一轮区域竞争中赢得更大主动权和话语权。

3. 其他国际文旅目的地竞争力增强

随着世界旅游经济快速发展，亚太地区正成为全球旅游市场竞争的焦点。近年来，日本、泰国、新加坡等国积极推进文旅资源整合，打造了一批在全球旅游版图中占据重要位置的旅游目的地，对国际旅游客源市场的吸引力日益增强。以日本为例，其凭借深厚的文化底蕴和发达的现代服务业，围绕"和风""温泉""美食"等主题，推出了"樱花之旅""日式温泉之旅"等特色旅游线路，入境游客规模、旅游外汇收入连续多年位居亚太前列。泰国依托独特的热带风情和佛教文化，大力开发"泰式古法按摩""泰拳""水灯节"等旅游体验项目，在国际旅游竞争中赢得了重要主场地位。新加坡充分发挥区位、金融等优势，着力建设邮轮母港、国际会展中心、综合度假区等文旅配套设施，正加速向亚太地区重要的国际旅游枢纽迈进。西藏虽然在资源禀赋上具有独特优势，但在品牌营销、旅游服务、交通设施等方面与亚太主要旅游目的地还存在较大差距。可以说，壮大西藏文旅产业规模，提升西藏在全球文旅版图中的地位和影响力，是西藏参与国际文旅竞争的必然选择。在"一带一路"倡议和西部大开发等重大决策引领下，西藏要借力文旅资源整合的东风，加快推进全域旅游示范省创建，打造高原生态旅游品牌，建设国际一流旅游目的地，更好地融入国家对外开放大局，在国际旅游竞争新格局中赢得主动、赢得未来。

（二）生态环境保护压力增大

1. 旅游活动对生态环境影响加剧

西藏地处"世界屋脊"青藏高原，平均海拔约 4000 米，生态环境独特而脆弱。近年来，随着旅游业快速发展，游客数量快速增加，旅游活动对西藏生态环境的影响日益凸显。一是游客的不文明行为频发。随意丢弃垃圾、踩踏植被、惊扰野生动物等现象时有发生，给西藏原本清新的空气和洁净的水体带来了污染，威胁高原生态系统的平衡。二是景区的过度开发建设。一些地方盲目追求旅游经济效益，对景区核心资源缺乏科学保护，过度修建景观设施，人为破坏了自然生态肌理，加剧了水土流失。三是环保基础设施建设滞后。游客急剧增加带来的生活垃圾、污水等，超出了现有环保设施的处理能力，埋下了生态环境隐患。

保护生态环境就是保护生产力，改善生态环境就是发展生产力。西藏是世界上的最后一片净土，"绿水青山就是金山银山"，我们要保护好西藏的碧水蓝天。西藏必须树立正确的发展理念，坚持在保护中开发、在开发中保护，把生态环境保护作为文旅融合发展的底线和红线，合理控制景区开发强度，健全旅游生态补偿机制，完善环保基础设施，推动形成节约资源和保护环境的空间格局、产业结构、生产方式、生活方式，走出一条生态优先、绿色发展的可持续发展之路。

2. 文旅资源开发与保护矛盾凸显

少数资源属于不可再生、不可替代的稀缺资源，单纯依靠资源禀赋推动文旅产业发展的传统路径已难以为继。然而，近年来，随着旅游规模的快速扩大，西藏一些地方过度依赖文旅资源，对资源保护的重视程度不够，资源开发利用方式粗放等问题较为突出。在自然资源方面，个别景区存在过度开发建设现象，过多修建索道、栈道等设施，破坏了生态环境。部分景区的环境容量、生态承载力已接近极限，但游客总量不断攀升，导致资源与环境压力持续加大。在人文资源方面，不少地方对历史文化遗存缺乏必要的保护措施，过度商业化开发的倾向严重。一些文物保护单位和非物质文化遗产基地，文旅基础设施配套不足，管理体制机制不健全，资源的真实性、完整性难以得到有效保障。日益突出的资源保护与开发的矛盾，严重制约着西藏文旅产业的可持续发展。站在新的历史起点，西藏必须树立大历史观，从铸牢中华民族共同体意识的战略高度，切实加强文旅资源的系统保护和合理利用。要建立健全资源保护利用的顶层设计，明确各类资源的保护标准和监管措施，严格落实文物、非遗等资源保护的法律法规，加大执法检查力度，把资源保护作为文旅融合发展的前提和基础。要创新资源开发利用模式，坚持"控制总量、优化结构、提高质量、突出特色"的发展思路，科学编制资源保护利用专项规划，合理确定开发强度，优化旅游项目布局，在传承中创新，在创新中发展，走出一条资源永续利用、文旅融合发展的新路子。

3. 可持续发展面临挑战

党的十八大以来，生态文明建设在党和国家事业发展全局中的地位愈加突出。保护生态环境，关系经济社会可持续发展，是功在当代、利在千秋的事业。西藏作为全国重要的生态安全屏障和战略资源储备基地，在维护国家生态安全、推进生态文明建设中肩负着重大使命。然而，随着全球气候变化和人类活动影响日益加大，西藏生态环境的脆弱性进一步加剧，冰川退缩、沙化扩张、水土流失等生态问题日益突出，可持续发展面临严峻挑战。特别是文旅产业规模的快速扩大，客观上加剧了西藏生态环境的压力。比如，个别景区过度开发导致水土流失加剧，影响了当地植被的自然更新；部分地区存在乱采滥挖、过度放牧等现象，加速了土地沙化、草场退化；营地旅游、自驾游的盲目发展，加大了野生动植物栖息地遭到破坏的风险；不合理的景区空间布局和功能分区，导致局部地区"逢山开路、遇水架桥"，在一定程度上影响了景观的自然性和完整性。可以说，生态环境恶化已成为西藏文旅产业可持续发展的最大隐患。未来，随着文旅产业的加速升级，如何走好生态优先、绿色发展这步"先手棋"，是摆在西藏文旅人面前的一道重大考题。必须立足新发展阶段，以"创新、协调、绿色、开放、共享"的新发展理念为指引，坚持在发展中保护，在保护中发展，强化绿色低碳发展导向，加快构建文旅产业与生态环境协调发展的制度体系，推动形成绿色生产方式和生活方式，在践行"绿水青山就是金山银山"理念中开创西藏文旅融合发展新局面。

（三）特色文旅风情受冲击

1. 消费需求影响文化认同

文化是旅游的灵魂。西藏深厚的历史文化积淀，独特的民族风情和传统文化，是吸引各地游客的重要法宝。然而，随着现代消费主义文化的影响日益加深，一些地方迎合部分游客猎奇、娱乐的消费需求，在旅游活动中过度放大宗教神秘色彩，简单化、低俗化地展示民族文化，导致藏区传统文化生态遭受冲击。比如，个别景区的藏戏演出为吸引眼球，刻意渲染血腥暴力场面，审美情趣低下；在一些景区的工艺品市场上，充斥着来历不明的藏饰、藏服，传统工艺失去了应有的文化内涵。久而久之，这些速食性的消费需求，势必会淡化公众对西藏传统文化的认同感。对旅游者而言，肤浅地感受异域风情，无法真正读懂西藏的文化精髓。对西藏各民族而言，如果传统文化失去传承创新的土壤，民族认同感和自豪感就会逐渐式微。从这个意义上说，如何在适应现代旅游消费需求的同时，最大限度维护西藏传统文化生态，是文旅融合发展必须直面的时代课题。对此，必须进一步提升文化自信和文化自觉，切实加强对优秀传统文化的系统性保护、创造性转化和创新性发展。一方面要在文旅活动中加大对藏族优秀传统文化的正面宣传和展示力度，引导游客在参观游览中提升文化认知，加深文化认同。另一方面要鼓励旅游从业者学习掌握藏族文化知识，在讲解、互动中自觉传播民族文化正能量，筑牢各族群众的精神家园。唯有如此，才能让中华优秀传统文化的基因镌刻在各族群众的心灵深处，绽放出绚烂多姿的时代光芒。

2. 同质化影响文化特色

雪域高原、峡谷溪流的壮阔景致，浓郁的藏族风情和深厚的文化底蕴，是西藏旅游的核心吸引力。然而，随着文旅产业的快速升温，一些地方盲目追求短期经济利益，热衷于开发同质化、千篇一律的景区，忽视了对本土特色文化的精耕细作，导致许多景区逐渐丧失了自身的文化特质。比如，为了迎合游客的猎奇心理，许多景区设置与主题文化无关的娱乐项目；为了追求视觉冲击力，一些文创产品简单堆砌藏族文化符号，缺乏文化底蕴；为了追求规模效应，个别景区不顾自身禀赋，大拆大建，人工化痕迹明显，特色不再。长此以往，西藏旅游的同质化倾向越来越突出，独特的文化魅力也逐渐式微。西藏之所以受到海内外游客的广泛青睐，在很大程度上在于其拥有独特的地域文化特质。对标全域旅游示范省的创建目标，西藏必须树立文化自觉，把"特色"二字镌刻于心，贯穿于文旅融合发展全过程。一方面要立足本土特色文化资源，创新思路，精准施策，在重点景区打造中突出主题性，延伸文化产业链条。另一方面要发挥文化的引领作用，在文化创意、非遗传承、民俗体验等领域精耕细作，着力打造一批叫得响、留得住、有特色的文旅精品，让人民群众在美好的文旅生活中感悟西藏文化的独特魅力。只有让西藏的每一寸土地都浸润深厚的文化积淀，每一个景点都镌刻鲜明的文化印记，西藏文旅才能实现由"西藏印象"向"西藏精神"的提升，推动西藏文明坚定文化自信，铸就辉煌。

第三章

企业资源整合
机制探究

第一节　资源整合与企业绩效关系研究

一、理论与假设

本书研究在创业网络调节作用下，创业资源整合对新创企业绩效的影响，主要包括以下三项研究内容。

其一，创业资源整合的构思研究。本书将决策逻辑应用于资源整合中，提出效果推理型和因果推理型两种创业资源整合方式。这是一个全新的角度，所以有必要对该构思进行研究。本书对面临不同创业网络、处于不同创业阶段、属于不同行业、具有不同规模的新创企业创业者或者高层管理者进行访谈，了解创业资源整合的行为特征，采用扎根理论的研究方法，提炼、归纳、总结效果推理型与因果推理型资源整合的关键要素。

其二，创业资源整合对新创企业绩效的影响机理研究。从理论研究视角出发，本书在阅读了大量文献后，提出了与效果推理型资源整合和因果推理型资源整合相关的假设。继而从实证研究视角出发，通过对回收的290份有效问卷进行实证分析，借助SPSS 17.0工具检验前述理论假设。

其三，创业网络在创业资源整合与新创企业绩效关系中的调节作用研究。在研究 1 和研究 2 基础上，本书探讨了创业网络的情境调节作用。

本书理论模型如图 1 所示。

图 1　本书研究理论模型

　　因果推理型资源整合强调在资源整合中由外向内，设定资源整合目标，再将设定的目标分解为多级子目标，再分解到特定个体层次任务，通过竞争者分析、战略规划和市场调研确定具体经营目标，选择最优资源整合手段来达到预期收益。在因果推理型资源整合的过程中，企业能根据战略目标对自身已有的资源进行梳理，即对企业资源库中的资源进行筛选、归类和融合，从而获取优质资源并且减少资源浪费，同时避免因过度嵌入关系网络而制约最佳合作伙伴的选择和交易行为的进行。创业者能够基于市场调研数据来估算决策可能产生的结果，从而减少资源整合成本，并使企业资源发挥最大的效率。

　　效果推理型资源整合更偏向从有限的既定资源出发，在自身能够承担的损失以及风险的范围内加以利用，注重创业者的个人经验、直观推断、创造力和即兴发挥等非理性因素在资源整合过程中的作用。在动态和复杂的环境中，创业者对于未来的经济状况和分布范围是未知的，也没有办法去评价创业结果成功的概率。效果推理型资源整合从现有资源出发，通过资源相互配合，形成组合式交配，以发挥资源组合效应，即扩大资源的使用范围，使得资源被充分挖掘使用。在不了解未来的前景，没有历史经验可以借鉴的条件下，效果推理型资源整合可以基于可承担和可接受的风险范围，尽可能创造潜在的整合结果，以此激活和融合资源，高效地协调资源，发挥资源的效能。已有学者，如S. Read、S. D. Sarasvathy、S. Muller等，已通过实验对比、案例分析、样本跟踪调查等方式，对效果推理型资源整合在企业实践活动中的实际效用进行了检验。此外，针对无法预知的问题和机会提前进行相关资源的整合，也可以增加企业的智力资源。牛冲槐、张祖华等学者认为智力资源的增加能够增强企业利用资源的能力。

结合已有研究，本书将从手段导向、战略联盟、可承受损失和权变四个维度分析效果推理型资源整合，从目标导向、竞争分析、预期回报、克服未知四个维度对因果推理型资源整合进行分析。

（一）**手段导向vs目标导向**

效果推理逻辑下的手段导向型资源整合关注创业者具备的性格特质、个人经历与能力以及企业的初始禀赋（"是谁"），创业者掌握的相应领域的知识储备以及企业现有的人力资源（"知晓什么"），创业者和企业拥有的企业网络、社会资本与组织资源（"认识谁"）；不关注目标、时间、计划、预算等因素。手段导向型资源整合的思路要求创业者在进行资源整合时更多考虑企业现有的手段和资源。充分考虑企业现有的手段和资源，有利于提高资源的利用效率，有助于创业者从中发现机会并把握机会。

H1：在企业网络规模较大时，手段导向型资源整合与企业绩效存在正相关关系。

效果推理型资源整合强调利用已有资源的价值，在整合过程中，已有的资源被视为整合的基础，而目标是模糊且不确定的。相反，因果推理型资源整合强调如何通过资源整合来实现目标。目标导向型资源整合可以被理解为一所充满计划的学校，它通过清晰的步骤来实现已经定义过的最终目标，由于在目标导向下资源整合过程按照计划与预算进行，故能减少由不确定产生的各种尝试所带来的损失、浪费，因此对企业绩效也存在积极的影响。在企业网络规模较小时，企业可以根据战略目标对自身已有的资源进行梳理，即对企业资源库中的资源进行筛选、归类和融合。

H2：在企业网络规模较小时，目标导向型资源整合与企业绩效存在正相关关系。

（二）可承受损失 vs 预期回报

创业者有时会考虑可能会失去而不考虑可能会产生的回报，依靠预算、计划使得资源整合风险更小。创业者在资源整合过程中，关注自身可承担的资源整合失败风险水平，而不关注预期最大化的收益而做出的一系列整合行为，我们称之为可承受损失型资源整合。

在不确定的环境中，预期回报很难被准确预测，而风险则相对容易被估算。创业者在进行资源整合时考虑企业能够承受的损失与风险，避免了超支情况的出现，还可以保证企业的一切资源整合行为即使失败，遭受的损失也在企业可以承受的范围内。

H3：在企业网络规模较大时，可承受损失型资源整合对企业绩效具有正向影响。

因果推理逻辑是计算较为精准的预期回报，选择回报最大化。新古典主义投资理论认为，预期回报最大化理论要求同时考虑企业面临的积极、消极信息，并在各种方案中选择最佳方案，但不确定性使得回报预测未必准确。但当企业网络规模较小时，企业能进行筛选、归类和融合，较容易评估和选择收益高、风险小的目标。在保证企业生存与规避风险的基础上，企业能够选择预期回报最大的整合方式。

H4：在企业网络规模较小时，预期回报型资源整合对企业绩效具有正向影响。

（三）战略联盟vs竞争分析

创业者进行资源整合时，通过与其他利益相关者建立信任、缔结联盟，来尽可能降低不确定性以及减少资源整合失败带来的风险与损失，我们称之为战略联盟型资源整合。战略联盟型资源整合要求创业者借助联盟和利益相关者之间的信任来进行资源整合。来自不同合作方的意见有助于企业基于现有资源取得生存和发展的先机。

早在20世纪就有学者指出创业者无法获得所有信息。在企业网络规模较大的创业环境中，创业者只能依据自身条件和能力有针对性地选择和利用资源，而战略伙伴能给创业者带来很多可参考借鉴的经验。在战略伙伴关系的保障下，创业者能获得更多的信息，从而进行更为理性的资源整合，避免因资源不足、信息不够、经验欠缺而亏损的局面。同时，利益相关者的先前承诺还能够弥补因资源整合失败而带来的可能性损失，增强了企业的生存能力。总之，战略联盟型资源整合为企业提供了必要的信息与资源，并尽力减少了风险。

H5：在企业网络规模较大时，战略联盟型资源整合对企业绩效具有正向影响。

创业者在资源整合过程中注重对市场竞争的分析，致力于对市场趋势进行把握，认为计划行为有利于提高行为效果，我们称之为竞争分析型资源整合。当企业网络规模较小时，企业能够进行筛选、归类和融合，从而更容易评估和分析市场环境。更确切地说，考虑全面的市场信息有助于企业更为全面地思考，使得企业在市场竞争环境中迅速反应，提升市场竞争力。

H6：在企业网络规模较小时，市场竞争型资源整合对企业绩效具有正向影响。

（四）权变 vs 克服未知

权变型资源整合要求企业保持灵活性，以应对资源整合过程中出现的风险和偶然事件。企业往往面临资源匮乏的境况，当企业利用有限的资源进行资源整合时，灵活性能够帮助企业更好地迎合顾客需求并提升企业绩效。灵活性较强的企业能够随时调整资源整合的进程，这不仅有助于企业更好地适应难以预测的环境，还有助于企业迅速地识别与抓住资源整合过程中偶然出现的机会并对其进行开发，从而带来企业绩效的提升。灵活性是权变的一部分，因此，采用权变型资源整合方式的企业能够更好地利用新的信息，适应新的环境。此外，保持灵活性的企业能够在资源整合过程中利用偶然事件，开发偶然事件。

H7：在企业网络规模较大时，权变型资源整合对企业绩效具有正向影响。

当企业网络规模较小时，企业能进行筛选、归类和融合，较容易评估和选择收益高、风险小的目标。克服未知型资源整合是指，创业者在资源整合过程中克服不确定性，努力实现最初设定的目标。计划行为理论认为，企业活动在既定目标的指引下是有效率和效果的。降低未来不确定性的过程也是创业者和外界政策、制度、产业环境不断交互的过程，能够帮助企业及时应对环境变化，并抓住资源整合过程中出现的机会，从而产生更好的资源整合效果。

H8：在企业网络规模较小时，克服未知型资源整合对企业绩效具有正向影响。

（五）企业网络的调节效应

企业网络一方面为企业提供技术、市场等资源，这些资源通过企业网络成员间的互动而转移，能够促进企业更多进行资源整合；另一方面促进组织学习，企业网络成员之间通过信息、产品和服务的广泛交流与合作促进资源的整合。

J. H. Bantham等学者认为，企业网络是创业者获取情感、信息、资金等资源的重要渠道。网络规模是创业者在创业过程中所构建的，强调与网络中心成员有直接联系的主体的数量总和，它在一定程度上反映企业可获得的外部资源的多少。

因果推理型资源整合以目标为导向，基于市场调研数据的统计回归技术进行竞争者分析、战略规划等。当企业网络规模较小时，因果推理型资源整合易于控制。随着企业网络规模的扩大，S. J. Birley等学者认为企业网络为企业提供了更宽的活动半径，同时扩大了企业获取思想、信息和机会的范围。但通过企业网络所获取的信息未经整合，无法增强企业能力。面对庞大的网络规模，以结果为导向进行有目的的整合需要大量的时间和成本，使得网络资源与企业绩效之间并不是线性关系，而是倒置"U"形关系。当企业过度嵌入关系网络，反而会给企业带来负面影响，制约企业发展。且企业网络带来的影响并不会立竿见影，具有延后性。因此，创业结果与创业过程间的因果关系无法成立，此时以目标为导向的因果推理型资源整合就会失效。在面临较大规模的企业网络时，因果推理型资源整合对企业绩效的正向影响被大大削弱。因果推理型资源整合方式有自己的效力边界，它聚焦不确定未来的可预测方面，更加适用于静态、线性、独立的情境。

效果推理型资源整合以手段为导向，从现有资源出发，凭借创业者的个人经验、直观推断、创造力和即兴发挥等非理性因素进行整合。秦剑认为，效果推理侧重于不可知未来的可控制方面。相较于规模小的企业网络，规模较大的企业网络能为效果推理型资源整合提供的资源更具选择性。外部环境的不可知性和动态性使得认知决策行为能被更为客观地反映。因此，效果推理型资源整合适用于非线性的、动态变化的情境。如R. Wiltbank、S. Read、N. Dew、S. D. Sarasvathy等学者纵向跟踪调查121名天使投资人，发现采用效果推理逻辑的投资者能充分利用现有资源和先前经验，使投资失败率降低。综上所述，面临企业网络规模大的外部情境，效果推理型资源整合能够促进创业者及企业通过内、外部的广泛合作，通过加强对网络关系的利用来获取相应的资源，从而克服自身资源窘迫和信息不对称等先天缺陷。在这种情况下，创业者能掌握更全面的信息和挖掘更多的市场机遇。

H9：企业网络规模正向调节手段导向型资源整合与企业绩效关系，负向调节目标导向型资源整合与企业绩效关系。

H10：企业网络规模正向调节可承受损失型资源整合与企业绩效关系，

负向调节预期回报型资源整合与企业绩效关系。

H11：企业网络规模正向调节战略联盟型资源整合与企业绩效关系，负向调节市场竞争型资源整合与企业绩效关系。

H12：企业网络规模正向调节权变型资源整合与企业绩效关系，负向调节克服未知型资源整合与企业绩效关系。

二、样本与研究方法

（一）样本

本书在回收的 310 份问卷中，对填写不完整、空项较多、所填的选项全部为某个值或者呈现一定规律的问卷进行剔除，最终获得有效问卷 290 份。具体见表 1。

表 1　问卷的发放与回收情况

类别	发放问卷	回收问卷	有效问卷	回收率	有效率
数量	843 份	310 份	290 份	36.8%	93.5%

在问卷题项中，设置了问卷者的"职位"这一甄别问卷有效性的题目。从回收的问卷来看，问卷填答者均为基层管理人员及以上，企业年龄主要在 5 年以内，员工人数平均在 50 人以内，年销售额以 10 万～ 100 万元居多（见表 2）。

表 2　样本的描述性统计

企业特征	分类标准	样本数 / 份	百分比 /%	累计百分比 /%
企业年龄	1 年以内	290	28.6	28.6
	1～3 年（含 3 年）		21.7	50.3
	3～5 年（含 5 年）		30	80.3
	5～10 年		11.1	91.4
	10 年以上		8.6	100
员工人数	20 人以下	290	36.6	36.6
	20～50 人		20.7	57.3
	51～100 人		14.1	71.4
	101～250 人		10	81.4
	251～500 人		10	91.4
	501 人及以上		8.6	100
所属行业	高科技	290	19.3	19.3
	传统制造		30	49.3
	建筑 / 房产		9	58.3
	商贸 / 服务		33.1	91.4
	其他		8.6	100
年销售额	10 万元以下	290	13.4	13.4
	10 万～100 万元		20.7	34.1
	101 万～300 万元		19	53.1
	301 万～1000 万元		18.3	71.4
	1001 万～1500 万元		9.3	80.7
	1501 万元及以上		19.3	100
职务	基层管理人员	290	22.1	22.1
	中层管理人员		24.8	46.9
	高层管理人员		35.2	82.1
	企业老板		17.9	100

（二）变量测量

本书主要研究资源整合、企业网络规模与企业绩效的关系，变量测量主要是对资源整合、企业网络规模与企业绩效的测量。围绕资源整合，本书开发了双向量表——Likert 6，具体为：1= 偏向因果推理型资源整合，6= 偏向效果推理型资源整合，即得分越高越偏向于效果推理型资源整合。对企业网络和企业绩效采用 Likert 5 五级计分法正向计分：1 为完全不同意，5 为完全同意，即得分越高就表示越同意。具体见表 3。

表 3　资源整合测量量表

因果推理型资源整合（测量题项）		效果推理型资源整合（测量题项）	
目标导向	企业往往根据预设的目标进行资源整合	手段导向	企业往往根据现有的手段和资源进行资源配置和资源组合优化
	企业先有目标，再去寻找实现目标需要的资源		企业根据现有的资源状况制定资源配置和资源组合优化的目标
预期回报	企业进行资源整合时更多考虑预期回报	可承受损失	企业进行资源配置和资源组合优化时更多考虑潜在损失
	企业根据预期收益来编制资源整合预算		企业根据能够接受的损失来编制资源配置和资源组合优化预算
	企业进行资源整合主要考虑整合带来的利益		企业进行资源配置和资源组合优化主要考虑整合带来的风险
	企业主要依据预期回报决定资源整合的资金支出		企业主要依据潜在的风险和损失决定资源配置和资源组合优化的资金支出
竞争分析	企业主要通过完整的市场和竞争者分析来识别风险	战略联盟	企业主要通过内外部的合作及利益相关者的承诺来减少资源配置和资源组合优化的风险
	企业根据市场分析进行资源整合决策		企业根据自身能力，与合作伙伴和利益相关者共同进行资源配置和资源组合优化

续表

因果推理型资源整合 （测量题项）		效果推理型资源整合 （测量题项）	
竞争分析	在开始进行资源整合时，企业通过市场分析来识别风险，以便使潜在的合作伙伴更能够接受企业的合作提议	战略联盟	企业主要通过接触潜在合作伙伴与潜在顾客来降低资源配置和资源组合优化的风险
	为了识别风险，企业聚焦市场分析和市场预测		为了降低风险，企业已经选择接受利益相关者的先前承诺
克服未知	我们的资源整合聚焦没有任何延期地实现目标	权变	我们的资源配置和资源组合优化足够灵活，我们能够根据新的发现做出调整
	新的结果对资源整合的目标没有影响		新的结果影响企业资源配置和资源组合优化目标
	企业总是关注实现最初的目标		当机会出现时，企业允许资源整合计划发生改变，尽管这些机会不符合最初的目标

三、研究结果

（一）信度分析与探索性因子分析

信度分析强调问卷调查结果的稳定性与一致性，即对问卷的可靠性的衡量。本书依据克隆巴赫系数（Cronbach's α）对信度进行检验。在一般情况下，α 值在 0.7 以上是可以接受的，α 值越大越能反映问卷的信度效果。本书采用 SPSS 16.0 统计软件对资源整合的 13 个题项、企业网络规模的 5 个题项和企业绩效的 5 个题项数据进行信度分析，α 值均大于 0.7。

本书的变量主要为资源整合、企业网络规模以及企业绩效。关于企业网络规模及企业绩效的测量题项均来自成熟的量表，量表的内容有保障。而关于自行开发的资源整合量表，笔者阅读大量文献，通过对 12 位创业者的深度访谈选取原始题项，并且通过团队专家打分、小样本测试等方式对测量题项进行修正与筛选，以保证内容有效性。

1. 资源整合的信度分析和探索性因子分析

资源整合整体的克隆巴赫系数值为 0.935，这表明内部一致性非常高，信度效果非常好。且每一项的CITC值都大于 0.5，删除任何一项都不会令 α 值变大。通过对量表进行探索性因子分析，得出量表的KMO值为 0.917，显然大于 0.7。同时，在巴特利特球形度检验中，sig. 的值为 0.000，小于 0.01，表明各个题项具备较高的相关程度，因此非常适合做因子分析。

通过提取公因子以及将最大方差旋转后得到 4 个公因子，符合将题项划分为四个维度的原设想。每个维度的各题项载荷值都在 0.5 以上，累计解释变异量达到 56.74%，如表 4 所示。

表 4　资源整合量表的因子分析结果

因果推理型资源整合 （测量题项）		效果推理型资源整合 （测量题项）		旋转后提取的因子	α 值
目标导向	企业往往根据预设的目标进行资源整合	手段导向	企业往往根据现有的手段和资源进行资源配置和资源组合优化	0.879	0.881
	企业先有目标，再去寻找实现目标需要的资源		企业根据现有的资源状况制定资源配置和资源组合优化的目标	0.864	
预期回报	企业进行资源整合时更多考虑预期回报	可承受损失	企业进行资源配置和资源组合优化时更多考虑潜在损失	0.617	0.850
	企业根据预期收益来编制资源整合预算		企业根据能够接受的损失来编制资源配置和资源组合优化预算	0.646	

续表

因果推理型资源整合 （测量题项）		效果推理型资源整合 （测量题项）		旋转后提取的 因子	α 值
预期回报	企业进行资源整合主要考虑整合带来的利益	可承受损失	企业进行资源配置和资源组合优化主要考虑整合带来的风险	0.838	0.850
	企业主要依据预期回报决定资源整合的资金支出		企业主要依据潜在的风险和损失决定资源配置和资源组合优化的资金支出	0.725	
竞争分析	企业主要通过完整的市场和竞争者分析来识别风险	战略联盟	企业主要通过内外部的合作及利益相关者的承诺来减少资源配置和资源组合优化的风险	0.798	0.867
	企业根据市场分析进行资源整合决策		企业根据自身能力，与合作伙伴和利益相关者共同进行资源配置和资源组合优化	0.531	
	在开始进行资源整合时，企业通过市场分析来识别风险，以便使潜在的合作伙伴更能够接受企业的合作提议		企业主要通过接触潜在合作伙伴与潜在顾客来降低资源配置和资源组合优化的风险	0.778	
	为了识别风险，企业聚焦市场分析和市场预测		为了降低风险，企业已经选择接受利益相关者的先前承诺	0.747	
克服未知	我们的资源整合聚焦没有任何延期地实现目标	权变	我们的资源配置和资源组合优化足够灵活，我们能够根据新的发现做出调整	0.811	0.903
	新的结果对资源整合的目标没有影响		新的结果影响企业资源配置和资源组合优化目标	0.776	

续表

因果推理型资源整合 （测量题项）		效果推理型资源整合 （测量题项）		旋转后提取的 因子	α 值
克服未知	企业总是关注实现最初的目标	权变	当机会出现时，企业允许资源整合计划发生改变，尽管这些机会不符合最初的目标	0.600	0.903

2. 企业网络规模的信度分析和探索性因子分析

企业网络规模的克隆巴赫系数值为 0.7，内部一致性较高，信度检验达到研究的要求。且和企业有联系的行业协会数量非常多、和企业有联系的金融机构数量非常多等 5 个题项的 CITC 值都大于 0.5，删除任何一项都不会使 α 值变大。通过对量表进行探索性因子分析得出网络规模协调量表的 KMO 值为 0.809，网络强度协调量表的 KMO 值为 0.859，显然都大于 0.7。同时，在巴特利特球形度检验中，sig. 的值为 0.000，小于 0.01，表明各个题项具备较高的相关度，因此适合做因子分析。

通过主成分分析法提取公因子大于 1 的因子，累计解释变异量达到 62.73%，如表 5 所示。

表 5　企业网络协调机制的因子分析结果

变量	题项	旋转后提取 的因子	α 值
规模协调	1. 和企业有联系的行业协会数量非常多	0.792	0.848
	2. 和企业有联系的金融机构数量非常多	0.718	
	3. 和企业有联系的各级政府数量非常多	0.755	
	4. 和企业有联系的供应商、顾客及竞争对手数量非常多	0.766	
	5. 和创业者有联系的亲戚朋友数量非常多	0.667	

3. 企业绩效的信度分析和探索性因子分析

对企业绩效进行信度分析后发现，量表整体的克隆巴赫系数值为0.895，内部一致性较高，信度检验效果好。公司销售额增长快、公司收入增长快、公司员工数增长快、新业务（新产品、新市场等）的开发数量增长多等5个题项的CITC值都大于0.5，且删除任何一项都不会使 α 值变大。具体如表6所示。

表6　企业绩效量表的因子分析结果

企业绩效	测量题项	载荷值	α 值
成长绩效	公司销售额增长快	0.951	0.895
	公司收入增长快	0.719	
	公司员工数增长快	0.905	
	新业务（新产品、新市场等）的开发数量增长多	0.953	
	新业务数量占企业业务总数的比例增长多	0.655	

（二）数据的描述性统计分析

我们通过相关性分析判断各变量之间是否存在确定性关系以及关系的显著程度。线性相关（简单相关）是变量间相关关系的一种表现形式。若系数值在0到1之间，表明变量之间存在正向相关关系；若系数值在0到-1之间，则表明变量之间存在负向相关关系。但若要考虑共线性问题，我们仍需关注相关系数大于0.9的变量。本书对资源整合、企业网络规模、企业绩效这几个变量采用Pearson线性相关系数来判断各自的相关程度。具体分析结果如表7所示。

表7　数据的描述性统计与相关分析

项目	均值	标准差	企业年龄	员工人数	年销售额	网络规模	可承受损失	战略联盟	权变	手段导向	新创企业绩效
企业年龄	2.49	1.25	1								
员工人数	2.62	1.68	0.530**	1							
年销售额	3.47	1.68	0.514**	0.712**	1						
网络规模	3.50	0.89	-0.028	0.003	0.030	1					
可承受损失	3.20	0.99	0.049	-0.027	0.019	0.547**	1				
战略联盟	3.51	1.06	0.086	-0.016	0.002	0.596**	0.521**	1			
权变	4.50	0.98	0.081	0.002	0.056	0.593**	0.541**	0.535**	1		
手段导向	3.97	1.09	0.042	0.075	0.018	0.439**	0.543**	0.523**	0.571**	1	
新创企业绩效	2.84	0.77	0.080	0.013	0.036	0.414**	0.541**	0.484**	0.558**	0.411**	1

注：n=290；**p<0.01，*p<0.05。

根据表7所示，资源整合、企业网络规模、企业绩效变量之间都存在显著的相关关系，但是相关系数都在0.9以下，因此不存在共线性的问题。资源整合的四个维度与企业绩效的相关系数分别为0.541、0.484、0.558、0.411。这表明资源整合各维度都对企业绩效具有正向的积极影响；企业网络规模的相关系数为0.414，对资源整合与企业绩效的影响呈显著正相关。

（三）回归分析

回归分析（regression analysis）是确定两种或两种以上变量间相互依赖的定量关系的一种统计分析方法。从回归分析的结果可以看出变量间是否相关、如何相关以及相关性强度等。本书采用逐步层次回归的方法进行多元线性回归（只有当变量值的显著水平小于 0.05 时，才能进行多元线性回归），并通过调整后的方差来检测模型的拟合优度（越接近 1，各变量的回归效果越好）。另外，对于回归效果的检验也要参考 F 值，计算 F 值是反映已解释方差与未解释方差变量的一种检验方法，如果计算出来的 F 值是显著的，则表明在 0.05 水平上已解释方差明显大于未解释方差，回归的效果很好。

1. 资源整合对企业绩效的回归分析

在选取企业年龄、员工人数和年销售额三个控制变量的基础上，本书通过逐步层次回归得出回归结果。

2. 企业网络调节效应检验

由于变量间的关系存在复杂性与隐蔽性，调节变量可以使自变量与因变量的关系在程度和方向上推波助澜。本书引入企业网络规模作为调节变量，来探讨其在资源整合与企业绩效方面是否具有调节效应。模型 1 到模型 26 分别将效果推理型资源整合的四个维度——可承受损失、战略联盟、权变、手段导向和因果推理型资源整合的四个维度——预期回报、市场竞争、克服未知、目标导向作为自变量；将企业年龄、员工人数、年销售额指标作为控制变量；将企业网络规模作为调节变量；将自变量与调节变量的乘积作为交互项；将企业绩效作为因变量。具体的回归分析如表 8 所示。

表8 网络规模调节效应检验表

变量	1	2	3	4	5	6	7	8	9	10	11	12	13
因变量：企业绩效													
控制变量													
企业年龄	0.171	0.105	0.112	0.115	0.075	0.086	0.087	0.101	0.109	0.114	0.162	0.172	0.175
员工人数	0.103	-0.027	0.039	-0.064	0.039	0.052	0.072	0.042	0.052	0.074	0.114	0.118	0.126
年销售额	0.047	0.014	-0.007	0.030	0.035	0.039	0.067	0.015	0.007	0.017	0.053	0.054	0.061
自变量													
可承受损失		0.462**	0.421**	0.995**									
战略联盟					0.436**	0.391**	0.516						
权变								0.440**	0.401**	0.595			
手段导向											0.097	0.026	0.341
调节变量													
企业网络规模			0.121**	0.711**		0.127*	0.418		0.089*	0.838*		0.253*	0.017
交互项													
可承受损失 × 企业网络规模				1.87**									
战略联盟 × 企业网络规模							1.211*						
权变 × 企业网络规模										1.628*			
手段导向 × 企业网络规模													0.490
R2	0.024	0.232	0.245	0.285	0.207	0.221	0.285	0.212	0.218	0.239	0.034	0.092	0.095
F值	1.683	15.162	12.963	13.2	13.129	11.366	13.2	13.505	11.167	10.416	1.745	4.073	3.467
△R2	0.010	0.217	0.226	0.263	0.191	0.202	0.263	0.196	0.199	0.216	0.014	0.70	0.067

因变量：企业绩效

变量	14	15	16	17	18	19	20	21	22	23	24	25	26
控制变量													
企业年龄	0.104	0.078	0.049	0.054	0.088	0.042	0.038	0.113	0.085	0.094	0.076	0.044	0.024
员工人数	0.021	0.060	0.057	0.054	0.005	0.018	0.011	0.094	0.089	0.081	-0.037	0.020	0.004
年销售额	0.105	0.076	0.066	0.059	0.078	0.071	0.060	0.031	0.031	0.026	0.107	0.072	0.056
自变量													
预期回报		0.506**	0.351**	0.123**									
市场竞争					0.285**	-0.040	0.425						
克服未知								0.608**	0.500**	0.200*			
目标导向											-0.172	0.028	0.513
调节变量													
企业网络规模			0.276**	0.726		0.451**	0.919		0.197*	0.631		0.484**	0.828*
交互项													
预期回报 × 企业网络规模				-0.436*									
竞争分析 × 企业网络规模							-0.449						
克服未知 × 企业网络规模										-0.597**			
目标导向 × 企业网络规模													-0.472
R2	0.009	0.259	0.310	0.315	0.090	0.229	0.235	0.372	0.398	0.410	0.038	0.228	0.235
F值	0.254	6.906	7.009	5.908	1.958	4.621	3.945	11.684	10.319	8.914	0.788	4.610	3.937
△R2	0.028	0.222	0.266	0.262	0.044	0.179	0.176	0.340	0.360	0.364	-0.010	0.179	0.175

注：n=290；**p<0.01，*p<0.05。

本书按照规模大小情况对样本进行分类，分别研究当网络规模大时，企业网络规模对效果推理型资源整合与企业绩效的影响，以及当网络规模小时，企业网络规模对因果推理型资源整合与企业绩效的影响。首先，将控制变量输入回归方程；其次，将自变量引入回归方程；再次，将调节变量引入回归方程；最后，将自变量与调节变量的乘积项引入回归方程。

当企业网络规模大时，效果推理型资源整合的三个维度可承受损失、战略联盟、权变对企业绩效均有显著的预测效应，回归系数分别为 0.462（$p<0.01$）、0.436（$p<0.01$）、0.440（$p<0.01$）。分别将可承受损失、战略联盟、权变与企业网络规模的乘积项输入回归方程，回归系数是显著的 1.87（$p<0.01$）、1.211（$p<0.05$）、1.628（$p<0.05$），解释总变异分别增加到 28.5%、28.5%、23.9%。可以看出企业网络规模对预测企业绩效产生了新的贡献，企业网络规模能够对效果推理型资源整合可承受损失、战略联盟、权变三个维度与企业绩效的关系进行调节。

当企业网络规模小时，因果推理型资源整合三个维度预期回报、竞争分析、克服未知三个维度与企业绩效的回归系数分别为 0.506（$p<0.01$）、0.285（$p<0.01$）、0.608（$p<0.01$）。分别将预期回报、竞争分析、克服未知与企业网络规模的乘积项输入回归方程，预期回报和克服未知与企业网络规模的交互项回归系数是显著的 -0.436（$p<0.05$）、-0.597（$p<0.01$），解释总变异分别增加到 31.5%、41%。可以看出在企业网络规模小时，企业网络规模对因果推理型资源整合预期回报、竞争分析、克服未知三个维度与企业绩效的关系起调节作用。

四、假设检验结果

通过以上的检验和数据分析结果，我们可以看出本书大部分假设都得到了验证。

第一，在企业网络规模较大时，效果推理型资源整合对企业绩效具有显著的正向影响，表明在资源整合过程中越多考虑可承受损失、通过战略联盟降低风险以及柔性处理（权变）整合时发生的各种状况，越有利于企业获得更好的企业绩效。因为在面临较大企业网络规模时，创业者要学会快速对获得的资源进行取舍和识别机遇并抓住发展机会。考虑可承担损失能让创业者最大限度地降低风险，战略联盟能帮助企业取得先前承诺以及通过构建结盟关系来降低不确定性，柔性处理能使创业者更加灵活地应用资源整合过程中出现的新资源，发现新机会。

第二，在企业网络规模较小时，因果推理型资源整合对企业绩效具有显著的正向影响，表明在资源整合过程中越多考虑预期回报、通过市场竞争降低风险以及尽量减少不确定情形，越有利于企业绩效提升。

第三，企业网络规模对效果推理型资源整合的各个维度与企业绩效的关系有积极影响，而对因果推理型资源整合的各个维度与企业绩效间起负向调节作用，这表明：在企业网络规模较小时，适宜采用因果推理型资源整合方式；随着企业网络规模的扩大，这种整合方式的作用发生递减。单一从目标导向视角整合资源致使企业不能充分发挥资源的有价性，企业需要转变资源整合方式，效果推理型资源整合在企业网络规模较大时，对企业的绩效起到促进作用。具体结果见表9。

表 9   假设检验结果汇总表

企业网络规模大	
H1：手段导向型资源整合与企业绩效存在正相关关系	不支持
H3：可承受损失型资源整合对企业绩效具有正向影响	支持
H5：战略联盟型资源整合对企业绩效具有正向影响	支持
H7：权变型资源整合对企业绩效具有正向影响	支持
H9：企业网络规模正向调节手段导向型资源整合与企业绩效关系	不支持
H10：企业网络规模正向调节可承受损失型资源整合与企业绩效关系	支持
H11：企业网络规模正向调节战略联盟型资源整合与企业绩效关系	支持
H12：企业网络规模正向调节权变型资源整合与企业绩效关系	支持
企业网络规模小	
H2：目标导向型资源整合与企业绩效存在正相关关系	不支持
H4：预期回报型资源整合对企业绩效具有正向影响	支持
H6：市场竞争型资源整合对企业绩效具有正向影响	支持
H8：克服未知型资源整合对企业绩效具有正向影响	支持
H9：企业网络规模负向调节目标导向型资源整合与企业绩效关系	不支持
H10：企业网络规模负向调节预期回报型资源整合与企业绩效关系	支持
H11：企业网络规模负向调节市场竞争型资源整合与企业绩效关系	不支持
H12：企业网络规模负向调节克服未知型资源整合与企业绩效关系	支持

企业能否走向成功，在很大程度上取决于对资源的整合。大多学者认同资源整合与企业绩效之间存在正相关的关系。但是，学者们尚未进一步阐述不同的资源整合方式会给企业带来怎样不同的影响。

在资源整合过程中，创业者不应去模仿成功企业资源整合的具体行为，因为同样的行为作用于不同的创业者、不同的企业，带来的结果往往大相径庭。创业者更需关注成功企业资源整合行为背后的决策逻辑。创业者作为创业主体，其个性特质、能力水平、领导风格、行动效能等一系列问题正在被越来越多的学者所重视。由于决策逻辑不同，因此资源整合方式也不同，本书正是基于不同的决策逻辑对资源整合方式进行创新性的划分，创业者不能局限于自身固化的逻辑，可以依据创业情境进行不同资源整合方式的选择。

虽然创业形式不同，但一切创业活动都离不开人际关系的支持。企业网络为企业带来长期良好的信息与资源交换、共享的平台。公司通过企业网络能提升发现和开发利用创业机会以及承担创业风险与成本的能力，并为开展创业活动提供相应的支持要素。一样的手段，在不同的企业网络情境下显然发挥着不同的作用。如何在不同的企业网络规模下促进企业绩效的提升亦成为学者关注的问题。

因此，本书从创业者决策逻辑视角出发，提出两种类型的资源整合（效果推理型资源整合与因果推理型资源整合），并以资源管理理论、效果推理理论、社会网络理论以及计划行为理论为理论基础，来研究它们与企业绩效的关系。大部分研究假设均得到证实，笔者另有如下研究发现：在不同情境下，效果推理型资源整合与因果推理型资源整合都对企业绩效存在显著的正向影响；企业网络规模对效果推理型资源整合与企业绩效的关系起正向调节作用；企业网络规模对因果推理型资源整合与企业绩效的关系起负向调节作用。

本书用决策逻辑研究资源整合行为，丰富了关于资源整合的研究，对资源整合研究领域具有一定的理论贡献。此外，引入企业网络规模作为调节变量，丰富了研究资源整合与企业绩效关系的情境。在创业实践过程中，有利于增强创业者对资源整合重要性的认知，引导其根据不同的企业网络规模，采取适宜的资源整合方式，从而实现资源价值最大化。

第二节　交互型网络嵌入、机会能力与绩效关系研究

网络结构对于获取资源和信息，克服新生缺陷，具有关键作用。新创企业的初始资金和经验都非常有限，难以从外部获取资源，导致其面临较高的失败风险。新创企业的网络结构能为其提供必要的资源和信息，是其克服资源约束的主要途径，对企业的创建和成长具有重要意义。从制度经济视角看，网络的核心作用就是取代外部市场，转型经济情境促使网络成为对不健全的正式制度的一种替代。有大量文献从网络结构视角进行研究，得出网络结构对新创企业绩效具有积极作用。然而，也有学者指出，过度嵌入网络会对企业绩效产生负向影响。由于网络关系的构建和维护需要新创企业投入较多的人力、资金和时间等成本，社会网络与企业绩效间存在倒 U 形关系。本书认为，导致研究结论存在分歧的原因在于：以往的研究大多从结构特征或关系特征进行单一视角的分析，忽略了结构特征与关系特征两者间协同效应的影响。因此，对网络嵌入对新创企业绩效的影响机制，我们还需要进一步研究和揭示。

作为企业一种独特资源，网络结构通过促进机会识别与机会利用能力的提升，进而影响新创企业绩效。能力观认为，企业拥有的资源固然重要，但企业绩效与竞争优势来自企业获取、整合及运用这些资源的能力，

因为核心能力能够嵌入在组织的运作过程中，具有不可复制性。网络资源观强调了网络在企业基于资源的竞争优势构建过程中的重要作用，而这一作用的有效发挥同样依赖于企业主动管理与运用网络资源的能力。根据演化论，新企业的生成和成长过程也是组织能力发展的过程。网络嵌入通过帮助企业从外部获取资源，能够促进企业能力提升。以往的研究表明，运用网络与商业关系，可以提高企业的内外部能力，从而有助于企业维持与获取竞争优势，进而对其绩效产生积极影响。在创业过程中，新创企业需要通过构建机会识别能力和机会利用能力来实现企业绩效的提高。从机会能力的视角进行研究，有助于解释网络嵌入对新创企业绩效的作用机理，然而学者们长期以来对此缺乏关注。

本书基于"网络—能力—绩效"的理论逻辑，从网络嵌入的结构与关系两个视角，分析网络规模和关系质量的交互作用对企业绩效的影响，揭示机会识别能力和机会利用能力在网络规模和关系质量的交互作用向企业绩效的转化过程中所起到的中介作用。考虑到环境不确定性是创业和组织研究的重要情境因素，本书还研究了环境不确定性在机会能力与新创企业绩效关系中的调节作用（见图 2）。

图 2　本书概念框架图

一、理论与假设

（一）交互型网络嵌入与企业绩效关系

网络规模是指网络成员的数量总和，是一种对量的描述。网络规模反映企业能够获取外部资源与知识量的多少。一方面，网络规模有助于获取丰富的资源和信息。企业在网络中建立的联系越多，信息获取的渠道就越广。研究指出，网络规模越大，企业所关联的网络节点就越多，就越有助于联盟企业获取丰富的潜在资源，实现快速成长。另一方面，网络规模有助于组织进行学习。企业由于新创，存在着知识和经验储备少的不足，需要从不同的渠道进行创业学习。创业者与网络成员间进行交流和沟通，能够有效实现经验的共享，为创业者带来新的方法和技能，有助于更好地掌握新知识，有利于企业绩效的提高。

关系质量是指创业网络中合作双方参照某些标准对彼此间关系形成的综合感知和评价，反映了网络成员之间关系的互惠程度。一方面，关系质量促使网络成员之间形成相互协作的关系，保证了获取资源的可靠性。对于企业而言，与外部网络成员的深入沟通不仅能够获取隐性知识，还能够降低转化的成本，这些互补资源的利用能够促进企业绩效的提升。另一方面，关系质量促进成员之间的相互信任，有助于控制机会主义行为。A. Afuah指出高关系质量有利于公司建立信任，降低成员合作过程中的不确定性，进而有助于降低交易成本。信任增强了企业之间相互交流学习的意愿，促进企业间相互理解和达成共识，提高了知识转移的能力，增强了转移的动机。

综上，网络规模和关系质量均有助于企业绩效提升，但是也都存在不足。一方面，由于网络主体之间联系并不频繁，网络规模使得传递资源和信息的效率不高，企业资源转移的难度增加。此时，关系质量能够促进企业主体之间形成资源共享与信任，使得网络中的资源能够多向和纵深流动。另一方面，关系质量容易产生资源与知识冗余，并且需要高昂的维护成本。此时，随着网络规模的扩大，企业有可能获取自身所不具有的异质性资源，有利于网络边界的拓展和多样性新知识的流入。网络规模与关系质量的交互作用反映了两者的互补效应，有助于促进企业绩效的提高。由此，本书提出如下假设。

H1：网络规模和关系质量的交互作用对企业绩效具有正向影响。

（二）机会能力与企业绩效关系

机会识别能力能够确保组织在激烈的竞争环境中发现并且掌握新的机会，通过提供新的组织设计能够开拓新的市场和销售渠道，从而获得新的竞争优势。一方面，机会识别能力有助于企业发现潜在市场需求，帮助企业及时调整生产流程。D. J. Teece 指出，具有较强机会识别能力的企业能够搜索到可行的商业模式或者新技术，有助于构建多样性战略，进而为创造新的竞争优势奠定基础。另一方面，机会识别能力有助于企业掌握新的知识和技能。在经济转型背景下，不断涌现的技术变革创造了大量的赢利机会。机会识别能力促使企业通过有效调整资源，不断开发出新产品，满足消费者不断变化的需求。由此，本书提出如下假设。

H2a：机会识别能力对企业绩效具有正向影响。

机会利用能力能够实现企业资源的有效整合，从而帮助企业获得更高的运行效率，通过改进现有产品的性能来满足市场上消费者的需求。一方面，机会利用能力有助于实现已有资源的潜在价值。M. J. Benner 指出，高水平的机会利用能力可以使企业将现有知识更好地应用于组织流程中，从而能够带来更好的企业绩效。另一方面，机会利用能力可以使得企业更好地把握现有市场机会。企业凭借较强的机会利用能力可以对现有知识和市场需求进行匹配，从而实现机会的价值最大化，巩固领先的市场地位。机会利用能力有助于企业建立良好声誉，获取外部组织信任，通过有效配置和利用内外部资源，进而在激烈竞争环境中维持现有竞争优势。由此，本书提出如下假设。

H2b：机会利用能力对企业绩效具有正向影响。

（三）机会能力的中介作用

网络规模指的是直接与企业相关联的合作伙伴数目，网络规模越大，表示企业拥有的网络链接也就越多。嵌入性的和相互链接的网络结构能够促进网络成员之间的交流与合作。一方面，网络规模通过促使企业获取异质性信息而有利于提升企业的机会识别能力。G. Ahuja认为，与外部网络的企业进行较多联系，有助于建立较多的弱链接，使企业有更多渠道获取异质性信息。网络规模越大，越有助于企业对异质性信息的搜寻和获取，这也意味着企业可以使用越多的互补性技能和知识，从而有利于机会识别能力的提高。另一方面，关系质量促使企业获取显性知识，从而有助于企业机会识别能力的提升。由于过多依赖网络规模会降低企业间的互信水平，从而弱化了企业分享资源的意愿，使深度合作难以展开。此时，企业之间产生的信任有助于增强企业间达成共识和理解，促使链接双方进行深度的交流与互动，从而使企业可以从网络中获取可编码化的知识。由于外部网络中的全新知识会与企业的认知水平存在较大差异，需要链接双方进行深度互动，所以良好的关系质量有利于企业之间进行知识交流与合作，从而促进企业机会识别能力的提高。据此，网络规模和关系质量对机会识别能力具有互补效应。而前文假设机会识别能力对企业绩效具有正向影响，由此，本书提出如下假设。

H3a：网络规模和关系质量的交互作用通过机会识别能力的中介作用影响企业绩效。

关系质量是企业双方对共同认知及彼此信任的程度做出的衡量，有益于网络成员之间构建协作关系，促进形成企业间共享知识的习惯。一方面，关系质量促进企业对隐性知识资源的吸收，从而有助于提升机会利用能力。T. J. Mom 等学者认为，较高关系质量所产生的信任能够有效减少沟通中的误解与冲突，加强知识交流的默契，从而有利于隐性知识、专有知识的转移。关系质量促进企业间隐性知识的交流，使得复杂的知识在网络中流通得更加顺畅，有助于深度开发特定领域的知识，从而促进机会利用能力的提高。另一方面，网络规模通过对同质性信息的吸收而有利于提升机会利用能力。过度依赖关系质量会限制企业从外部搜寻信息和资源，容易造成资源冗余和网络封闭化，不利于新知识的挖掘和创造。此时，网络规模越大，获得外部资源的渠道越多，越能够提升企业外部合作网络的开放性，降低冗余关系成本。对外部网络中的同质性知识与现有技术知识的有效整合，有助于企业更好地掌握和理解这些知识，产生较好的学习效果，帮助企业深入挖掘现有技术的潜力，从而促进机会利用能力的提升。据此，网络规模和关系质量对机会利用能力具有互补效应。而前文假设机会利用能力对企业绩效具有正向影响，由此，本书提出如下假设。

H3b：网络规模和关系质量的交互作用通过机会利用能力的中介作用影响企业绩效。

（四）环境不确定性的调节作用

环境不确定性在很大程度上限制了企业的行动能力，增加了其面临的风险。企业需要高度重视环境的变化，并根据环境状况及时地调整战略，通过动态地适应环境来实现持续发展。在不确定性很强的环境下，企业可以依赖机会识别能力获取新技术和瞄准新市场，从而提高企业绩效。机会识别能力有助于企业发现新的创业机会，以获取新的竞争优势。在不确定性较强的环境下，企业利用已有知识、资源无法应对环境变化。在这种情况下，企业将面临多种非结构性问题，这将会弱化企业对机会利用的准确性和及时性。而在稳定的环境下，企业更易于通过利用自身所积累的经验和已有知识，只要执行常规战略就可以提高企业绩效。由此，本书提出如下假设。

H4a：环境不确定性在机会识别能力与企业绩效关系中起正向调节作用。

H4b：环境不确定性在机会利用能力与企业绩效关系中起负向调节作用。

二、研究设计

笔者共发放问卷 500 份，回收问卷 340 份，问卷的回收率为 68%。在回收的 340 份问卷中，剔除无效问卷（因企业成立年限超过 10 年、问卷填写人非管理者等）40 份，最终获得有效问卷 300 份，有效问卷回收率为 60%。

本书将网络嵌入分为网络规模和关系质量两个维度，采用五个题项测量网络规模，四个题项测量关系质量。本书将机会能力分为机会识别能力和机会利用能力两个维度，采用三个题项测量机会识别能力，三个题项测量机会利用能力。

三、研究结果

（一）变量之间的区分效度与验证性因子分析

为了检验主要变量之间的区分效度以及各个测量量表的相应测量参数，本书采用 AMOS 19.0 对主要变量进行验证性因子分析（CFA），在零至六因子模型之间进行对比。结果显示，六因子模型拟合得比较好 [X^2 （215）= 374.208，p < 0.01；RMSEA = 0.050，TLI = 0.920，CFI = 0.932，GFI=0.904]，而且这一模型要显著地优于其他模型（见表 10），这表明测量具有良好的区分效度。

表 10　验证性因子分析结果

模型	X^2	Df	RMSEA	TLI	CFI	GFI
零模型 [①]	2597.534	253	0.176	0.000	0.000	0.331
六因子模型	374.208	215	0.050	0.920	0.932	0.904
五因子模型 [②]	469.474	220	0.062	0.878	0.894	0.874
四因子模型 [③]	545.987	224	0.069	0.845	0.863	0.849
三因子模型 [④]	693.989	227	0.083	0.778	0.801	0.808
单因子模型 [⑤]	861.730	230	0.096	0.704	0.731	0.773

注：[①] 在零模型中，所有测量项目之间没有关系。

[②] 将网络规模和关系质量合并为一个潜在因子。

[③] 将网络规模与关系质量，机会识别能力与机会利用能力分别合并为一个潜在因子。

[④] 分别将网络规模和关系质量，机会识别能力和机会利用能力，企业绩效和环境不确定性合并为一个潜在因子。

[⑤] 分别将网络规模、关系质量、机会识别能力、机会利用能力、企业绩效和环境不确定性当作不同的潜在因子。

（二）研究变量的描述性统计与相关分析

研究变量的均值、标准差及相关性如表11所示。可以看出，各变量之间相关系数并不高，说明多重共线性问题不明显。数据结果表明，网络规模和关系质量两个维度与企业绩效均存在正相关关系；机会识别能力和机会利用能力这两个维度与企业绩效均存在正相关关系。因此，假设H2a和H2b初步得到验证。

表11　研究变量的描述性统计与相关分析

研究变量	均值	标准差	1	2	3	4	5	6
1 网络规模	3.561	0.568	1					
2 关系质量	3.763	0.545	0.470**	1				
3 机会识别能力	3.890	0.537	0.563**	0.609**	1			
4 机会利用能力	3.933	0.581	0.382**	0.455**	0.562**	1		
5 环境不确定性	3.837	0.551	0.393**	0.479**	0.496**	0.409**	1	
6 企业绩效	3.681	0.572	0.501**	0.530**	0.620**	0.433**	0.526**	1

注：n=300；* 为 $p<0.05$，** 为 $p<0.01$。

（三）回归分析

从表12的模型M3可以看出，网络规模和关系质量的交互项（$\beta=0.210$，$p<0.01$）对企业绩效具有显著正向影响。因此，假设H1得到数据支持。

从模型M4可以看出，机会识别能力（$\beta=0.516$，$p<0.01$）和机会利用能力（$\beta=0.153$，$p<0.05$）这两个维度均对企业绩效具有显著正向影响。因此，假设H2a和H2b得到数据支持。

网络规模和关系质量的交互项对机会识别能力（M12，$\beta=0.228$，

p<0.01)、机会利用能力(M14, β =0.280, p<0.01)和企业绩效(M3, β =0.210, p<0.01)均有显著正向影响。同时,机会识别能力和机会利用能力都对企业绩效具有显著正向影响。引入中介变量机会识别能力后,网络规模和关系质量的交互项(M9, β =0.138, p<0.01)对企业绩效的影响下降,而机会识别能力(M9, β =0.316, p<0.01)对企业绩效仍具有显著正向影响。引入中介变量机会利用能力后,网络规模和关系质量的交互项对企业绩效(M10, β =0.167, p<0.01)的影响下降,而机会利用能力(M10, β =0.153, p<0.05)对企业绩效仍具有显著正向影响。因此,本书认为机会识别能力和机会利用能力在网络规模和关系质量的交互项与企业绩效的正向关系中均具有不完全中介效应,假设H3a和H3b得到数据验证。

从模型M7看出,机会识别能力与环境不确定性的交互项(M7, β =0.169, p<0.05)对企业绩效具有显著正向影响,机会利用能力与环境不确定性的交互项(M6, β =-0.214, p<0.01)对企业绩效具有显著负向影响,因此假设H4a和H4b得到数据验证。

表12 回归分析汇总

变量	企业绩效										机会识别能力		机会利用能力	
	M1	M2	M3	M4	M5	M6	M7	M8	M9	M10	M11	M12	M13	M14
控制变量														
企业年龄	0.055	0.037	0.038	0.034	0.055	0.050	0.034	0.030	0.035	0.033	0.007	0.008	0.031	0.032
员工人数	0.057	-0.045	-0.091	0.012	-0.028	0.013	-0.041	-0.020	-0.072	-0.063	-0.010	-0.061	-0.119	-0.182
年销售额	0.015	0.000	0.046	-0.001	0.025	0.000	-0.004	0.000	0.028	0.037	0.010	0.060	-0.004	0.058
高科技	0.291	0.208	0.222	0.171	0.155	0.128	0.146	0.245	0.164	0.247	0.170	0.184	-0.180	-0.162
传统制造	0.032	-0.005	0.024	0.015	0.020	0.008	-0.013	0.022	0.007	0.038	0.021	0.052	-0.135	-0.096
建筑房产	0.120	0.135	0.159	0.157	0.156	0.137	0.146	0.149	0.160	0.164	-0.032	-0.006	-0.069	-0.037
商贸服务	0.129	0.365	0.081	0.066	0.074	0.076	0.037	0.053	0.063	0.081	0.015	0.057	-0.054	-0.002
自变量														
网络规模		0.335**	0.295**				0.204**	0.283**	0.196**	0.264**	0.356**	0.312**	0.253**	0.199**
关系质量		0.365**	0.446**				0.210**	0.294**	0.284**	0.376**	0.424**	0.511**	0.346**	0.454**
网络规模 × 关系质量			0.210**						0.138*	0.167**		0.228**		0.280**
中介变量														
机会识别能力				0.516**	0.417**	0.441**	0.367**		0.316**					
机会利用能力				0.153*	0.093	0.027		0.206**						
调节变量														
环境不确定性					0.274**	0.331**				0.153*				
交互项														
机会识别能力 × 环境不确定性						-0.214**	0.169*							
机会利用能力 × 环境不确定性														
R2	0.067	0.409	0.445	0.427	0.480	0.501	0.477	0.440	0.491	0.461	0.497	0.540	0.273	0.337
F值	1.934	14.233	14.772	15.326	17.011	15.208	16.784	14.455	16.068	14.219	20.307	21.571	7.709	9.369
R2调整	0.033	0.380	0.415	0.399	0.452	0.468	0.449	0.410	0.461	0.428	0.472	0.515	0.237	0.301
△R2	0.067	0.342	0.036	0.360	0.053	0.020	0.068	0.031	0.046	0.016	0.425	0.043	0.252	0.065

注：n=300；* 为 $p<0.05$，** 为 $p<0.01$。

通过理论和实证研究发现，网络规模和关系质量的交互作用对企业绩效具有显著正向影响。一方面网络规模为企业提供获取异质性信息的多种渠道，增强企业对新知识和信息的吸收能力；另一方面，良好的关系质量能够促进知识共享和技术转移，两者的协同效应有助于企业绩效的提高。本书综合了"结构"和"关系"两个视角，从网络规模和关系质量角度分别去衡量网络嵌入的广度和深度，这两个方面反映了网络特征的互补效应，有助于更全面理解网络嵌入。企业应该加强利用网络关系，通过网络规模以低成本优势获取异质性信息和非冗余资源，实现快速成长。同时企业只有增加彼此的信任和合作，才能进行隐性知识的传递和共享，网络规模和关系质量的互补效应有助于提高企业绩效。

本书拟选取西藏文旅资源整合的四个典型案例，运用企业资源融合理论，从资源识别与选择、资源汲取与配置、资源激活与融合、资源整合效果四个维度，对不同性质文旅企业推进文旅资源整合的有益尝试进行剖析，总结可借鉴、可复制的发展经验，以期为西藏文旅企业进一步深化改革、创新发展提供参考和启示。

第四章

西藏文旅企业资源整合案例研究

第一节　北京绿维文旅科技发展有限公司：
政企联动，创新文旅扶贫资源整合路径

北京绿维文旅科技发展有限公司是西藏自治区国资委直属的国有控股文旅企业，主要从事景区开发、酒店投资经营等业务。近年来，公司积极履行国企社会责任，充分发挥资金、技术、人才等优势，主动对接国家脱贫攻坚和乡村振兴战略，推动文旅资源要素在贫困地区深度融合，创新探索"党建引领、政企联动"的文旅扶贫新模式，取得了良好成效。

一、资源识别与选择：聚焦深度贫困地区，挖掘特色资源

资源是文旅扶贫的物质基础。西藏地域辽阔，贫困地区文化民俗、生态景观等旅游资源极为丰富，但受地理环境、经济社会发展水平等因素制约，这些独特资源往往处于"养在深闺人未识"的状态。推进文旅扶贫，必须立足贫困地区资源禀赋，找准资源整合切入点，将资源优势转化为产业优势、经济优势。北京绿维文旅科技发展有限公司聚焦国家级贫困县等深度贫困地区，通过实地调研、专家论证等方式，系统梳理评估当地文旅资源价值，因地制宜选择开发重点，为精准实施文旅扶贫奠定基础。

（一）在昌都市类乌齐县开展文旅资源调研

类乌齐县位于川藏交界，是国家级贫困县、"三区三州"深度贫困地区之一。这里平均海拔 4200 米，高寒缺氧，生态环境恶劣，农牧民生产生活条件极为艰苦。但县域内冰川、雪山、峡谷、森林等自然景观资源十分丰富，民俗文化古朴纯粹，文旅开发潜力巨大。按照自治区党委、政府关于推进昌都市文旅扶贫的工作部署，从 2017 年起，北京绿维文旅科技发展有限公司选派工作组进驻类乌齐县，历时 3 个月，对全县 5 个乡镇、112 个行政村的文旅资源进行了全面调查评估。

工作组采取实地勘察、入户走访、查阅史料、专家论证等方式，摸清了全县自然生态、人文历史、民俗风情等文旅资源的种类、数量、分布等基本情况，重点针对南迦巴瓦峰、玉麦大峡谷等知名景区资源，从交通区位、环境容量、开发条件等方面进行系统评估，同时邀请自治区文化和旅游厅、高校、科研院所的十余位专家实地考察，最终评定出 3 处国家 AAAAA 级旅游景区、8 处国家 AAAA 级旅游景区。针对藏戏、锅庄、民歌等非遗资源，工作组通过深入田野，对 82 个县级以上非遗项目的代表性传承人进行了访谈，并进行影像资料采集，初步建立了类乌齐县非物质文化遗产数据库。

在全面摸清资源家底的基础上，北京绿维文旅科技发展有限公司编制了《类乌齐县全域旅游发展总体规划（2018—2025）》，提出围绕"生态文化""民族风情""康养体验"三大主题，重点打造玉麦大峡谷自然风光游、南迦巴瓦环线生态康养游、藏族民俗风情体验游 3 条精品线路，力争通过 3～5 年努力，将类乌齐县建设成为集生态观光、文化体验、运动探险、康养度假于一体的国家旅游胜地。目前玉麦大峡谷、南迦巴瓦峰等重点景区的基础设施建设已基本完成，初具规模。2020 年，全县接待游客 15.3 万人次，实现旅游综合收入 8956 万元，分别是 2017 年的 2.5 倍和 3.3 倍。

（二）在林芝市波密县开展古村落和非遗资源调研

波密县地处雅鲁藏布大峡谷腹地，自然风光绮丽，民族文化厚重，是西藏重要的文化旅游资源富集区。但由于地理位置偏远、交通不便，波密县文化旅游资源开发长期滞后。同时，一些珍贵的历史文化遗存亟待抢救性保护。北京绿维文旅科技发展有限公司作为龙头企业，承担起波密县文旅资源的整合开发任务。

北京绿维文旅科技发展有限公司高度重视古村落、非遗资源的调查，牵头成立了由县文旅局、乡村干部、高校专家及本公司高管等组成的综合工作组，通过田野调查、查阅档案、深度访谈等方式，对波密县松宗、古乡等 5 个重点乡镇的 32 个村落进行了全面调研。

调研组重点对村落的空间格局、建筑风貌、历史渊源、文物古迹、非遗资源等进行了详细记录，并运用无人机航拍、VR 全景等技术手段获取村落原真信息。针对调研中发现的 12 处传统村落，调研组邀请专家进行科学论证和价值评估，最终确定松宗、康玉、下司马 3 个村落为首批保护利用的重点，将其纳入波密县特色小镇、美丽乡村建设的总体布局。针对古村落中分布的各类文物古迹，调研组重点关注年代、规模、风格、价值、保存状况等，建立了涵盖 108 处不可移动文物的数据档案，并向县文物管理部门移交了详细的调查报告和保护建议。

在非遗资源方面，调研组共走访了波密县 78 位县级以上非遗传承人，采集整理各类非遗项目 102 个。其中，古乡一带是非遗资源最为富集的区域，民间流传着众多独具特色的民间歌舞、传统工艺、民俗活动。调研组运用文字、图片、音频、视频等方式全面记录下这些"活态"的非遗资源，建立了波密县非遗资源数据库。同时，重点围绕景区开发，调查组将 20 项非遗资源纳入旅游开发的重点，通过活态展示、体验式消费等方式，让游客在参与中感受藏族传统文化的独特魅力，拓展文旅消费新场景。

北京绿维文旅科技发展有限公司立足实际情况，科学识别波密县古村落和非遗资源的文化价值、旅游开发价值，编制完成了《波密县文化旅游资源保护利用总体规划》，明确了整合资源、突出特色、因地制宜、分类施策的工作思路，并制定了详细的资源保护、开发、利用、管理的政策措施。2019 年，波密县正式开工建设雅鲁藏布大峡谷特色旅游小镇，计划投资 25 亿元，涵盖大峡谷特色旅游小镇提质扩容、商业开发、历史文化街区保护等 10 个大类的 34 个建设项目。项目建成后，大峡谷特色旅游小镇将成为集观光游览、文化体验、休闲度假等功能于一体的文旅小镇典范。

从北京绿维文旅科技发展有限公司在类乌齐、波密两县的文旅资源调研实践来看，文旅扶贫必须坚持精准识别，科学论证，找准贫困县区特色优势资源，这是推动文旅扶贫见实效的根本所在。在资源识别和选择环节，既要立足贫困地区资源禀赋，突出当地特色，又要对标区域全域旅游发展布局，找准市场定位，避免盲目跟风、一哄而上。对于自然生态资源，要牢固树立"绿水青山就是金山银山"的理念，严格遵守《中华人民共和国森林法》《中华人民共和国草原法》等法律法规，科学评估生态环境容量，合理确定开发强度。对历史文化资源，要严格落实《中华人民共和国文物保护法》，划定保护范围，制定保护措施，最大限度减少开发建设活动对文物原真性、完整性的影响。只有处理好保护和利用的关系，才能实现文旅扶贫良性可持续发展。

二、资源汲取与配置：打造产业平台，完善多方参与机制

文旅扶贫是一项复杂的系统工程，单靠一方力量远远不够，必须通过搭建产业发展平台，充分调动政府、市场、社会等各方的积极性。北京绿维文旅科技发展有限公司充分发挥国有企业在政企沟通、资源整合等方面的独特优势，以政府主导、企业主体、村集体和农牧民广泛参与的运作机制，探索"党建引领、政企联动"的文旅扶贫新路子，构建利益共享、风险共担的命运共同体，推动贫困县区文旅资源开发全过程、全要素、全方位融合。

（一）在日喀则市定日县搭建利益联结平台

定日县是西藏脱贫攻坚主战场之一，2017 年还有建档立卡贫困人口 1.2 万人。虽然县内旅游资源丰富，但由于缺乏整合开发的市场主体，文旅产业对带动就业、促进增收的作用发挥不充分。2018 年，日喀则市明确由北京绿维文旅科技发展有限公司牵头开发定日县旅游资源。

北京绿维文旅科技发展有限公司通过深入走访调研，提出"党建引领、龙头带动、农牧民参与"的工作思路，成立由公司、县委组织部、县文旅局、县扶贫办等单位组成的文旅扶贫领导小组，统筹推进全县文旅资源整合工作。

一是做实基层党建引领。在全县 46 个行政村成立旅游产业党支部，按照"支部建在产业链，党员聚在致富岗"要求，积极发展党员经营户、党员示范户，引导农牧民以入股分红、土地流转、劳务用工等方式参与文旅项目，形成"支部引领、党员带动、群众参与"的多层次利益联结机制。

二是发挥龙头企业带动作用。由北京绿维文旅科技发展有限公司发起成立定日文旅开发有限公司，该公司整合县域内珠穆朗玛峰、萨迦寺等重点景区，盘活闲置土地等存量资产，吸引社会资本参股，构建多元投入、风险共担的市场化运营机制。

三是创新农牧民参与方式。针对贫困户、低保户等重点群体，公司积极探索"公司＋合作社＋农户"的产业扶贫模式，成立若干专业合作社，采取土地、牲畜、劳务入股等方式，让贫困群众参与景区开发、乡村旅游建设的全过程，获得稳定的分红收益和务工报酬。同时，公司还设立扶贫基金，对吸纳贫困户就业、购买贫困地区农特产品的龙头企业给予一定奖补，引导更多市场主体参与文旅扶贫。

按照这一思路，珠峰景区、萨迦寺景区等重点项目相继启动，先后吸纳了 300 多名建档立卡贫困人口参与工程建设，人均年增收 1.2 万元以上。景区周边的亚热乡、曲当乡等地涌现出一批集餐饮、住宿、娱乐于一体的精品农家乐，农家乐由当地农牧民自主经营，由公司给予规划设计、装修改造等扶持，户均年营业收入 5 万元左右。2020 年，全县共接待游客 26.8 万人次，实现旅游综合收入 2.39 亿元，带动就业 4000 多人，其中贫困人口 1100 多人。文旅扶贫工作成效获得国务院扶贫办通报表扬。

（二）在山南市浪卡子县创新"党建引领、支部联盟"模式

浪卡子县旅游资源富集，但贫困人口多，2018 年人均可支配收入仅为全区平均水平的 73%。近年来，县委、县政府围绕做大、做强文旅产业，积极谋划实施一批重大项目。但受资金、人才等因素制约，一些乡村旅游、康养度假等项目进展缓慢。从 2019 年起，县里引进北京绿维文旅科技发展有限公司作为文旅扶贫开发的主要市场主体。

北京绿维文旅科技发展有限公司坚持把党的政治优势、组织优势与企业发展深度融合，创新运用"党建引领、支部联盟"模式，高标准打造浪卡子文旅小镇等重点项目。公司成立由党委书记任组长的项目建设领导小组，选派 10 名政治素质高、业务能力强的党员干部组成驻村工作队，与乡、村两级党组织结对，引导各方力量参与文旅项目建设。在小镇规划选址阶段，工作队深入湖边、河谷等地反复踏勘，与县自然资源局、生态环境局反复沟通对接，最大限度避开自然保护区、水源保护区，将小镇位置选在距县城 10 公里的夏玛乡。在小镇设计阶段，工作队广泛征求县文旅局、县乡村振兴局、村党支部和农牧民意见，结合当地特色风貌，科学布局游客服务中心、特色商业街、文创集市、康养中心等业态，突出藏族文化元素，彰显地域特色。在建设招商阶段，公司发挥产业龙头作用，与本地农牧民专业合作社组建项目公司，按比例入股开发运营，同时吸引一批知名文旅企业参与开发。为支持易地搬迁户就近就业创业，小镇提供一定数量铺位免费使用，引导大家开办农家乐、特色小吃店，变"坐商"为"行商"。

浪卡子文旅小镇一期工程已竣工，成为集休闲度假、文化体验、康养

游乐于一体的旅游景区。2021 年，小镇接待游客 21.3 万人次，实现旅游综合收入 1.5 亿元，直接带动就业 600 多人。在小镇的示范带动下，各乡纷纷成立文旅合作社，建设农家乐、民宿客栈，形成了党建引领乡村振兴、龙头带动群众脱贫的生动局面。2020 年，浪卡子县的贫困发生率下降至 0.35%，浪卡子县提前一年退出贫困县序列。

从北京绿维文旅科技发展有限公司在定日、浪卡子两县的文旅扶贫实践看，推动贫困地区文旅资源开发，必须坚持党建引领，充分发挥基层党组织战斗堡垒和党员先锋模范作用，构建党组织领导的利益联结平台，把企业和农户、产业发展和乡村振兴有机衔接起来，只有如此才能形成文旅产业链、党建促脱贫链、利益联结链三链同构、同向发力的扶贫格局。同时要注意处理好以下关系。一是政府与市场的关系。在文旅扶贫项目谋划、土地利用许可、税费减免等方面，政府要加大政策供给和要素保障，为企业参与文旅扶贫营造良好环境。同时要尊重市场规律，鼓励和引导社会资本以多种形式参与项目开发运营，防止政府对文旅企业的过度干预。二是外来资源与本地资源的关系。吸引外来投资固然重要，但决不能简单复制外来模式，必须立足本地资源特色，尊重当地文化传统，更多采取"生态+""文化+""旅游+"的资源嵌入、功能植入方式，实现外来资本、技术、人才等优势与本地资源的深度融合。三是经济效益与社会效益的关系。要处理好资源开发保护与旅游发展、农牧民增收的关系，坚持效益共享、利益均沾，科学确立农牧民参与方式和分配机制，通过设立扶贫基金、提供公益性岗位、让贫困群众入股分红等，让发展成果更多惠及当地农牧民，特别是贫困群众。只有处理好这些关系，才能探索出一条"政府引导、企业主体、农牧民参与"的文旅精准扶贫新路子。

三、资源激活与融合：注入文化内涵，创新旅游业态

旅游是文化的载体，文化是旅游的灵魂。文旅扶贫既要盘活自然禀赋，又要注重文化内涵，不断创新旅游业态，推动文旅资源与农林牧副渔等产业深度融合，将田园变公园，延伸文旅消费链条，拓展群众就业增收空间。北京绿维文旅科技发展有限公司立足贫困地区历史文脉，以保护传承优秀传统文化为主线，深入挖掘藏族民俗、非遗技艺等文化元素，创新"文化＋""旅游＋"发展模式，让贫困群众在参与中获得精神满足和物质收益。

（一）在昌都市丁青县打造高原文化生态旅游景区

丁青县位于川藏交界，平均海拔 4200 米，自然风光独特，人文底蕴深厚。县域内分布有色尔古藏寨等一大批藏传佛教文化遗存，拥有非遗项目达 53 项，是昌都乃至西藏重要的文化旅游资源富集区。近年来，当地政府大力实施文旅扶贫，但由于缺乏文旅融合的规划引领和示范带动，景区开发仍以观光游览为主，对文化内涵挖掘不够，旅游产品同质化现象严重。

2017 年，北京绿维文旅科技发展有限公司与县文旅局合作共建丁青高原文化生态旅游景区，以文化为灵魂，生态为基底，全面提升景区品质。公司投资 2 亿元，以色尔古藏寨为核心，串联冰川、牧场等周边自然景观，精心打造集文化体验、生态观光于一体的文化主题旅游线路，突出西藏特色。景区还充分利用沿线 30 余个自然村落的特色资源，引导农牧民

发展乡土生态游，开办农家乐，以"院落经济"带动村集体和农户增收。2020年后，公司还积极创新线上文旅产品，推出一批云直播、云展览项目，借助网红主播开展"云游色尔古"等主题直播活动，让景区魅力"触网"传播。

为充分利用丁青丰富的非遗文化资源，北京绿维文旅科技发展有限公司投资3000万元，依托昌都非遗扶贫车间，打造了一批现代时尚与民族特色相结合的文创产品，带动当地群众就业增收。公司与西藏民族大学合作共建非遗研究基地，邀请知名专家定期举办非遗创新设计工作营，指导当地银匠、藏香制作人、唐卡画师等传统手工艺人改良工艺、创新设计，开发具有市场竞争力的文创旅游商品。同时，公司还与央视纪录频道、腾讯新闻等媒体合作，在抖音、快手等新媒体平台开办"非遗直播间"，邀请非遗传承人在线展示制作过程，销售非遗产品，推动非遗"活起来""火起来"。丁青月形藏香、热贡唐卡等非遗文创产品已在北京SKP、成都IFS等全国知名商场专柜销售，年销售额超过2000万元。

（二）在日喀则市南木林县策划环珠峰文化旅游精品线路

南木林县是珠峰脚下的深度贫困县，独特的喜马拉雅山地景观和浓郁的藏族文化风情赋予其巨大的开发潜力。但由于地处川藏青三省区交界，南木林县文旅基础设施薄弱，旅游开发缓慢且模式单一。近年来，川藏、青藏等省际通道相继建成通车，为南木林县跨区域文旅融合发展提供了难得的机遇。

2019年，北京绿维文旅科技发展有限公司联合四川、青海两省文旅企业，以环珠峰地区独特的自然人文资源为依托，重点打造环绕珠峰主峰、串联多个热点景区的环线旅游产品。沿线主要景区包括西藏境内的珠峰景区、定日古城，四川境内的稻城亚丁、色达佛学院，以及青海久治、玉树等地的高原湖泊、佛教寺庙。公司坚持以文化为主线，生态为基底，充分彰显喜马拉雅山地区的地域特色和人文内涵。一方面，重点打造白居寺、昂仁寺等精品景点，通过VR、AR、全息投影等现代科技手段，再现寺庙的恢宏气势和神圣意境。另一方面，公司充分发掘沿线特色村落的田园风光和乡土人情，以定日县黄米村、南木林县多角村为重点，打造集观光农业、休闲度假、创意农家乐于一体的精品乡村旅游线路，让游客在体验农耕文化的同时，充分享受返璞归真的慢生活。

为进一步彰显藏族文化的独特魅力，北京绿维文旅科技发展有限公司与中国藏学研究中心合作，组织专家学者对沿线县域的历史文化进行系统梳理，围绕藏文化主题策划了大型实景演出《文成公主》。《文成公主》以唐蕃和亲为背景，再现了松赞干布时期吐蕃王朝的历史风貌，集中展现了藏族人民的生活习俗、服饰特点、建筑风格等，为游客提供沉浸式的文化体验。公司还与故宫博物院合作，将故宫藏品中的唐卡、金银器等文物复原并融入演出，让观众在感受大唐盛世的同时，体悟民族文化交融的历史渊源。

南木林位于川、藏、青三省区的接合部，与四川、青海毗邻地区联系紧密，因此单靠一县之力难以实现区域文旅的整体突破。北京绿维文旅科技发展有限公司发挥龙头企业优势，积极牵头推动南木林与川、青毗邻县区在文旅线路开发、品牌营销等方面的深度合作。在与四川凉山的合作中，公司以环贡嘎山地区的自然生态资源为主线，策划推出"大美环贡嘎"自驾游精品线路，串联川西高原风光和古朴藏寨文化，并联合四川当地文旅企业成立项目公司，共同开发环线沿线特色民宿、露营地等配套服务设施，打造川藏区域文旅合作的示范样板。该精品线路已被列入四川、西藏两省区乡村振兴战略和文旅融合发展的重点项目，为南木林跨区域旅游合作开创了新局面。

北京绿维文旅科技发展有限公司在丁青、南木林两县的文旅资源整合实践表明，文化是旅游的灵魂，生态是旅游的基础。推动贫困地区文旅产业提质升级，必须立足资源特色，挖掘文化内涵，在保护中开发，在开发中保护，推动文化遗产创造性转化、创新性发展。特别是要注重发掘贫困地区特有的、稀缺的文化旅游资源，发挥区位优势，主动融入区域发展战略，以更加开放的姿态参与区域文旅合作，实现互利共赢。在开发利用中：既要坚持以人民为中心的发展思想，充分尊重当地群众意愿，更多采取"参与式"开发模式，引导群众积极参与各环节，分享发展成果；又要处理好传统与现代的关系，坚持创新驱动、内容为王，运用现代科技手段赋予传统文化新的生命力，推陈出新，不断创新旅游业态，提升文旅产品的文化内涵和科技含量。

四、资源整合效果：推进减贫脱贫，实现多方共赢

党的十八大以来，西藏把发展文化旅游作为助推脱贫攻坚的重要抓手，多措并举推进文旅扶贫。"十三五"时期，西藏实施文旅扶贫项目1559个，总投资389.6亿元，占同期扶贫资金总量的30%以上。仅2020年，全区文旅扶贫项目共带动贫困人口2.1万人就业。

作为西藏本土文旅龙头企业，北京绿维文旅科技发展有限公司主动担当作为，广泛开展东西部协作、政企合作，着力在深度贫困地区打造一批高品质、高标准的文旅扶贫项目，有力推动区域文旅资源优化配置，助力西藏高质量打赢脱贫攻坚战。

（一）推动贫困地区文旅基础设施建设

北京绿维文旅科技发展有限公司充分发挥国有企业的资金、技术、人才等优势，大幅加大在贫困地区的投资建设力度，有效突破了贫困县区文旅发展的基础设施瓶颈。2016—2020 年，公司在西藏 54 个贫困县区实施文旅扶贫项目 126 个，投入资金 78.6 亿元，重点支持景区道路、游客服务中心、污水处理、厕所等设施建设，极大地改善了贫困地区的文旅接待条件。以类乌齐县玉麦大峡谷为例，在北京绿维文旅科技发展有限公司的大力支持下，景区修建了游客服务中心、观景平台、旅游厕所等服务设施 28 个，新建景区环线公路 38 公里，游客接待能力提高了 3 倍多。山南市浪卡子县在公司帮扶下，建成了以浪卡子文旅小镇为引领的"十大景区""百里景廊""千家乡村旅游客栈"文旅扶贫格局，一跃成为西藏乃至青藏高原知名的旅游目的地。据测算，公司在贫困县区的每 1 亿元文旅基建投入，可带动生产总值增长 1.5 亿元，直接和间接带动就业 1200 人以上。

（二）促进贫困群众就近就业增收

据统计，2015 年西藏建档立卡贫困劳动力中有 65% 以上有外出务工意愿，但因技能、语言等障碍，真正实现外出务工的仅 20% 左右。为有效解决这一问题，北京绿维文旅科技发展有限公司坚持把促进贫困群众就业作为文旅扶贫的出发点和落脚点，统筹推进文旅扶贫与就业扶贫，积极搭建就业平台，拓宽增收渠道。一方面，公司在文旅项目开发建设过程中，坚持工程建设与就业扶贫同步，优先雇用当地建档立卡贫困户参与工程施工，并提供岗位技能培训，确保贫困群众掌握一技之长。如在色季拉山旅游公路项目施工过程中，公司共吸纳当地 300 多名贫困群众参与，通过工资性收入和扶贫专岗补贴，人均年增收 1.6 万元。另一方面，公司积极引导贫困群众依托文旅产业就近就地创业，大力发展乡村旅游、文创产品开发、农家乐经营等，贫困群众通过务工经商、领取股份分红、出租承包等多种形式参与分享文旅产业发展红利。如在浪卡子县，北京绿维文旅科技发展有限公司以浪卡子文旅小镇为龙头，带动全县发展农家乐、民宿客栈 600 多家，累计吸纳 1200 多名贫困群众就业，户均年增收 2.1 万元以上。

（三）改善贫困地区生产生活条件

文旅扶贫既要发展产业、带动就业，也要改善贫困群众生产生活条件。北京绿维文旅科技发展有限公司立足贫困县区实际，将文旅扶贫与新村建设、易地搬迁、农田水利等工程紧密结合，因地制宜推进产业扶贫、就业扶贫、易地搬迁后续帮扶等工作，切实增强贫困地区自我发展能力。以日喀则市定日县为例，为改善贫困村基础设施条件，公司投资 3000 万元，实施农村村屯道路、农田灌溉、安全饮水等一批惠民项目，新修建道路 35 公里，解决了 5600 多名群众的安全饮水问题。公司还积极落实易地扶贫搬迁政策，为 600 多名搬迁群众提供就业岗位，确保搬迁一方，稳定一方。对 19 个深度贫困村，公司选派得力干部担任第一书记，并从产业发展、教育医疗、劳动力培训等方面加大帮扶力度。2020 年这些村的贫困发生率较 2015 年下降了 18 个百分点。

（四）形成社会各界扶贫合力

脱贫攻坚是一场全面的社会动员。北京绿维文旅科技发展有限公司主动发挥龙头企业的示范带动作用，积极动员社会各界力量参与文旅扶贫，形成了全社会共同参与、共同推进的扶贫格局。2018 年，公司牵头成立了西藏文旅扶贫联盟，吸收区内 29 家骨干文旅国企、12 家行业协会、36 家新闻媒体加入。联盟搭建产业对接平台，开展劳务协作、消费帮扶、就业培训等活动，3 年来共招募贫困地区务工人员 1.5 万人，帮助贫困户通过销售农畜产品获利 8500 万元。公司还与中国光大集团、海航集团等中央企业开展扶贫协作，引导这些企业使帮扶项目、帮扶资金向文旅领域倾斜。仅 2020年，公司就引进社会帮扶资金 2.6 亿元，引入价值 800 多万元的帮扶物资，极大地形成了社会扶贫合力。公司还充分利用互联网平台，发起"迎请格桑花""高原红公益游"等一系列扶贫公益活动，通过线上义卖、云直播等形式，让全国人民参与到西藏文旅扶贫中来。2019 年，公司组织的"迎请格桑花"活动通过快手、抖音等平台，吸引网友近亿人次参与，农特产品销售额达 300 多万元，营造了全社会共同关心支持西藏脱贫事业的良好氛围。

回望西藏脱贫攻坚的恢宏历程，北京绿维文旅科技发展有限公司勇于担当、主动作为，发挥国企在文旅扶贫中的排头兵和主力军作用，创新"党建引领、政企联动"文旅扶贫模式，走出了一条特色鲜明、成效突出的减贫脱贫之路。公司扎实推进文旅扶贫，撬动了更多社会资源，完善了贫困地区的文旅基础设施，拓宽了贫困群众就近就业增收渠道，有力推动西藏 50 万名农牧民稳定脱贫，628 个贫困村全部出列。下一步，公司将认真贯彻落实乡村振兴战略，发挥文旅在促进农牧区产业革命、打造生态宜居地区、打造传承乡风文明中的独特作用，继续巩固脱贫攻坚成果。

北京绿维文旅科技发展有限公司推进文旅扶贫资源整合的成功实践，为我们提供了三点有益启示。一是要坚持党建引领，围绕中心，服务大局，发挥基层党组织战斗堡垒和党员先锋模范作用，推动形成党委统一领导、党政齐抓共管、企业积极参与的文旅扶贫新格局。二是要坚持示范带动，发挥行业龙头企业引领作用，充分调动社会资本参与贫困地区文旅开发的积极性，形成多方参与、协同推进的局面。三是要坚持因地制宜，立足贫困地区特色资源禀赋，探索形成一批可复制、可推广的文旅扶贫新模式，为巩固拓展脱贫攻坚成果、服务全面推进乡村振兴战略提供有力支撑。

第二节　西藏旅游股份有限公司：
科技赋能，探索智慧文旅资源整合新模式

随着新一轮科技革命和产业变革蓬勃兴起，以大数据、云计算、人工智能、5G为代表的现代信息技术日新月异，数字经济成为引领创新驱动、塑造发展新优势的重要力量。党的十九届五中全会明确提出，要坚定不移建设网络强国、数字中国，推进产业基础高级化、产业链现代化……发展战略性新兴产业……加快数字化发展。作为文化和科技深度融合的新兴业态，智慧文旅成为各地推进文旅创新发展的新引擎，使智慧景区、数字博物馆等新型文旅消费场景不断涌现，无疑将重塑游客体验，催生新就业、新动能。

作为西藏本土文旅科技领域的领军企业，西藏旅游股份有限公司近年

来积极顺应智慧文旅发展大势，先后参与布达拉宫、大昭寺、罗布林卡等知名景区的智慧化转型升级，并在此基础上搭建了西藏智慧文旅大数据平台，形成了独具特色的智慧文旅资源整合路径，有力带动了西藏传统文化遗产的创造性转化、创新性发展。

一、资源识别与选择：数字化采集，提升资源管理水平

文化和旅游资源数字化采集是智慧文旅建设的基础工程。西藏辖区辽阔，文化和旅游资源散布各处，地域分布极不平衡。对文旅资源家底的全面摸清是推进智慧文旅建设的首要任务。西藏旅游股份有限公司利用大数据、3S（remote sensing，遥感技术；global position system，全球定位系统；geographic information system，地理信息系统）等现代信息技术手段，开展全区文旅资源数字化普查，建立覆盖全区的文旅大数据平台，为资源的智慧管理、开发利用奠定了坚实基础。

（一）开展全区文物古迹资源数字化普查

西藏是全国文物极为丰富的省区，据第三次全国文物普查，西藏共有不可移动文物2300余处，其中全国重点文物保护单位35处。这些历史遗存蕴藏着丰富的人类文明，具有极高的历史、艺术、科学价值。但由于缺乏数字化手段，许多珍贵文物长期处于深藏状态。为破解这一难题，西藏旅游股份有限公司联合自治区文物局，全面启动西藏文物资源数字化普查。

公司组织专业团队，采用3D扫描、无人机航测等技术，对布达拉宫、大昭寺、扎什伦布寺等全区国家级文物保护单位进行了数字化采集，获取的高清影像达到21TB。针对舍利塔、唐卡、织金等珍贵文物藏品，公

司采用文物级高精度相机，结合光学、化学等手段，完成了对颜色、形态、纹理等要素的精准采集。公司还自主研发了古籍数字化采集系统，实现了对西藏古籍文献的扫描、录入、建档，并通过智能识别技术，将藏文手抄本转化为计算机可检索的文本格式。西藏旅游股份有限公司已建成西藏规模最大的数字文物资源库，入库文物 3.6 万余件（套），形成"一城一档""一寺一档""一物一档"的数字化管理格局，大幅提升了西藏文物资源的数字化、信息化、智能化管理水平。

（二）实施西藏非遗资源数字化工程

非物质文化遗产是中华优秀传统文化的重要体现。西藏是中国非遗资源最为富集的省区之一，拥有国家级非遗项目 105 个，居全国前列。但许多非遗项目缺乏传承人，濒临失传，急需抢救性保护。2017 年，西藏旅游股份有限公司启动实施西藏非遗数字化工程，计划用 5 年时间完成对全区 3000 余项非遗资源的数字化记录。

针对传统音乐、传统舞蹈、曲艺等非遗项目，公司组织专业人员深入实地，运用图像、视频、音频等方式，全面、系统地记录下传承人的技艺展示过程，建立涵盖 600 余个非遗项目的数字档案。针对传统美术、传统技艺、传统医药等实体性非遗项目，公司采用激光扫描、CT 扫描等技术，获取高保真数字模型，再现其材质、纹饰、结构等细节特征。同时，公司积极拓展非遗数字化的广度和深度，先后与故宫博物院、中国艺术研究院等机构合作，结合高清数字影像、虚拟仿真等技术，开发沉浸式非遗体验项目，让游客在虚拟场景中感受藏医药浴、藏式酥油花等非遗项目的独特魅力。西藏旅游股份有限公司已完成 1000 余个非遗项目的数字化采集，建成国内规模最大的藏族非遗数字资源库，为西藏非遗的保护传承、创新发展提供了有力支撑。

（三）构建西藏旅游资源大数据库

旅游资源是推进全域旅游的物质基础。西藏旅游资源极为丰富，据不完全统计，全区拥有A级景区300余处、星级酒店1000余家、旅行社600余家。对旅游资源进行智慧化管理，是提升景区管理水平和游客体验的关键所在。2016年，西藏旅游股份有限公司联合自治区相关机构共同启动西藏旅游资源大数据库建设。

公司采用3S、大数据等技术，对全区所有A级景区、星级饭店、重点旅游线路等进行数字化采集和空间定位，形成1∶1的数字孪生模型。在景区方面，重点采集游览路线、游客容量、安全设施等要素，建立三维实景模型，与气象、地质、生态等部门实现数据共享，加强灾害预警和应急处置；在酒店方面，重点采集房型、床位、餐饮等要素，对接OTA（over-the-air technology，空中下载技术）平台数据，实现旅游产品的精准营销和个性化推荐；在线路方面，系统录入西藏"G318""山南环线"等百余条精品旅游线路，对线路沿线食宿、交通、游览等信息进行全景展示，方便游客在线规划行程。大数据库已录入旅游资源数据2.3万余条、空间位置数据6500余条，年更新500余次，逐步形成全区旅游资源一张图，为科学制定旅游发展规划、优化旅游公共服务提供了大数据支撑。

通过系统开展文物、非遗、旅游资源数字化普查，西藏旅游股份有限公司摸清了西藏文旅资源家底，极大地提升了文旅资源的数字化管理水平，也为后续智慧文旅的规划、设计、建设、运营奠定了坚实的基础。下一步，要进一步强化大数据思维，完善文旅大数据共享交换机制，打通部门数据壁垒，推动跨区域数据互联互通，为创新文旅产品、优化游客体验、引导产业投资提供精准化、智能化的大数据服务。在数据采集利用的过程中，必须严格遵守《中华人民共和国网络安全法》《中华人民共和国数据安全法》等法律法规，加强文旅数据分级分类管理，在从数据产生、传输到应用的全生命周期强化安全防护，筑牢数据安全防线，促进文旅大数据依法依规利用。

二、资源汲取与配置：构建开放生态，推动多方协同创新

智慧文旅是一个庞大的产业生态，涉及文化、旅游、科技、金融等多个领域。推进智慧文旅建设，必须秉持开放融合理念，发挥数字技术的赋能作用，推动文旅与相关产业深度融合，在更大范围、更深层次整合创新资源，构建多元主体协同推进的发展格局。西藏旅游股份有限公司立足平台型企业定位，加强与政府、高校、科研院所、文旅机构等创新主体的战略合作，先后搭建了智慧文旅产业创新中心、数字文旅人才培养基地等多个协同创新平台，共同推进关键技术攻关和成果转化，不断完善西藏智慧文旅创新生态。

（一）与政府部门合作共建数字文旅创新中心

2019 年 6 月，自治区政府与西藏旅游股份有限公司签署战略合作框架协议，明确共建西藏数字文旅创新中心，打造集文旅大数据汇聚、VR/AR 内容制作、人工智能应用等于一体的文旅科技创新高地。

中心以西藏大学数字文化产业学院为依托，吸引腾讯文化、网易影核、

创维VR等20余家行业龙头企业入驻。中心建有数字内容研发实验室、智慧旅游应用实验室、文创设计实验室等功能实验室，拥有千兆带宽、云存储、专业级VR/AR设备等先进的软硬件设施，可满足影视动画、数字博物馆、智慧景区等领域的技术研发需求。依托中心平台，西藏旅游股份有限公司与西藏博物馆联合开发布达拉宫VR 720度全景漫游项目，该项目利用8K、VR等技术手段，全方位再现了宫殿建筑之美。项目上线以来，日均在线体验用户超1万人次，有效提升了布达拉宫的数字化展示和传播水平。中心已聚集文旅科技企业60余家，成功研发智慧文旅项目40余个，申请专利100余项，为西藏文旅产业数字化转型提供了强大的科技支撑。

（二）与高校、科研院所联合攻关数字文旅关键技术

现代信息技术与文旅深度融合，是推动文旅融合发展的重要途径。西藏旅游股份有限公司坚持以科技创新为第一动力，积极整合产学研资源，与西藏大学、中国传媒大学等高校院所建立产学研合作关系，聚焦VR、AR、人工智能、5G等前沿技术在文旅领域应用中的关键问题，开展联合攻关。

公司与西藏大学共建智慧文旅联合实验室，依托布达拉宫、大昭寺等知名景区，重点开展文物数字化保护、智慧导览、舆情监测等关键技术攻关。实验室先后承担来自国家文物局、科技部的十余项国家级科研项目，获得国家专利60余项。值得一提的是，实验室自主研发的文物病害监测预警系统，通过在布达拉宫等古建筑内外布设温湿度传感器，结合大数据分析，及时预警和处置霉变、开裂等病害隐患，实现了对文物本体的精准、动态监管。

公司还与中国传媒大学合作，共同研发西藏特色文旅资源的沉浸式体验系统。该系统综合运用8K、VR、体感交互等技术，通过对唐卡、酥油花、藏戏等西藏特色文化资源的数字化展示，再现其历史风貌和时代内涵，让游客在虚拟场景中感受西藏文化的独特魅力。系统已在罗布林卡、小昭寺等景区推广应用，深受游客欢迎。

此外，西藏旅游股份有限公司还与中国社科院共建文旅大数据联合实验室，重点开展游客行为分析、舆情监测、精准营销等大数据关键技术研究，推动文旅行业数字化、智能化升级。实验室自主研发的"藏e游"智慧旅游综合服务平台，通过对接OTA平台和景区数据，可实现门票预订、语音讲解、电子导览、行程推荐等一站式智慧服务，让游客"一部手机游西藏"。

（三）引进国际知名文旅机构参与西藏项目开发

创新驱动发展，要打破地域界限，以更加开放的姿态参与国际科技创新合作。西藏旅游股份有限公司"引进来""走出去"并重，与美国迪士尼公司等知名文旅机构达成战略合作，引进国际先进理念，提升西藏智慧文旅项目的品质内涵。

2017年，西藏旅游股份有限公司与美国迪士尼公司签署合作协议，合作进行主题公园规划设计、IP内容开发等。在主题公园规划设计方面，迪士尼公司运用BIM（building information modeling，建筑信息模型）、VR等数字化工具，为项目提供沉浸式设计方案，并在项目施工全过程提供技术咨询服务，有效提升了项目建设效率和品质。

2019年，西藏旅游股份有限公司打造了布达拉宫VR体验馆，以沉浸式VR技术为核心，通过8K影像采集、三维重建、动作捕捉等手段，逼真再现布达拉宫的建筑之美和历史内涵。体验馆建成后，游客可在VR场景中身临其境地游览布达拉宫，感受文物背后的历史文化，并与虚拟形象互动，获得沉浸式文化体验。项目的成功实施，为传统文博单位的数字化转型提供了创新思路。

西藏旅游股份有限公司与政、产、学、研等创新主体形成了紧密的利益共同体，各主体在关键技术攻关、人才培养、成果转化等方面实现了优势互补、互利共赢，极大地拓展了西藏智慧文旅的创新空间。下一步，要进一步创新体制机制，强化科技成果转化应用，加快构建"政府引导、企业主导、社会参与"的文旅科技创新体系。同时，要积极对标国际先进水平，以更加开放包容的姿态参与全球文旅创新网络建设，用好国内国际"两种资源"，在交流互鉴中提升西藏智慧文旅创新能力。

三、资源激活与融合：拓展服务场景，升级游客体验

随着大众旅游时代到来，游客对美好旅游生活的需求日益多元化、个性化、品质化。传统的景点观光游模式已不能满足游客需求，旅游服务亟须创新升级。西藏旅游股份有限公司立足西藏实际，以数字技术应用为抓手，以服务创新为导向，积极探索智慧文旅服务新场景，多维度提升游客体验，加速推动西藏文旅产品和服务提质升级。

（一）打造智慧景区，升级游览体验

西藏拥有布达拉宫、纳木错等一批国际知名旅游景点，但受制于管理方式落后、信息化水平不高等因素，游客"打卡式"游览、同质化体验等

问题较为突出。为破解这些难题，西藏旅游股份有限公司选取布达拉宫、大昭寺等标杆景区开展智慧化升级改造，推动景区管理和游客体验迈向数字化、智能化。

以布达拉宫智慧景区建设为例。公司投资 1.4 亿元，综合运用 5G、大数据、人工智能等前沿技术，建设了集票务管理、游客服务、安全监测于一体的智慧景区综合管理平台。在游客服务方面，通过"刷脸"入园、电子讲解、语音导览、AR 实景导航等，为游客提供覆盖游前、游中、游后全过程的个性化智慧服务，满足不同年龄段、不同语言背景游客的差异化体验需求。在安全监测方面，通过无人机巡检、智能视频分析、电子围栏等技术手段，对景区人流、车流实现实时动态监测，并根据客流情况和天气状况，动态调配观光车、救援力量等，切实保障游客生命财产安全。在数据分析方面，平台利用知识图谱、自然语言处理等人工智能技术，对游客行为轨迹、消费偏好等海量数据进行智能分析，形成游客画像，进而有针对性地开发文旅产品，精准推送个性化服务。据统计，智慧升级后的布达拉宫，游客日均接待量提高 20%，游览满意度达 98%，真正实现了从"景区管人"到"数据管人"的蝶变。

西藏旅游股份有限公司已在大昭寺、小昭寺、哲蚌寺等十余个知名景区推广应用智慧景区综合解决方案，极大地提升了景区管理效能和游客获得感。

（二）布局沉浸式体验，拓展文化消费场景

工业化时代，人们更注重物质消费；后工业时代，精神消费异军突起。在沉浸式体验经济时代，体验已成为一种更高层次的消费形式。近年来，随着现代技术的发展，沉浸式体验日益成为人们感知世界、接受文化的新方式，VR博物展出、全息演艺等新型文化消费场景不断涌现，重塑着人们的文化体验。

西藏旅游股份有限公司抓住这一新兴赛道，聚焦博物馆、美术馆、文化综合体等重点文化场馆的数字化转型。2017年，公司牵头承建西藏博物馆二期数字展厅，综合运用裸眼3D、全息投影、体感交互等数字技术手段，集中展示西藏历史文明图景。其中，唐蕃古道沙盘电子数字互动项目采用AR触控、三通道环幕投影等技术，全景再现古代丝绸之路的重要通道——唐蕃古道的历史风貌，让观众在参与互动中重温历史，感悟各民族之间的友好交往。展厅自开放以来，日均接待观众3000人次，其中青少年占比超60%，有力提升了西藏历史文化的传播力和影响力。

针对西藏深厚的非遗文化底蕴，西藏旅游股份有限公司联合自治区非遗保护中心，共同打造国内首批非遗文化沉浸式体验基地。游客走进藏香制作工坊，可现场体验藏香制作全过程。体验者通过挥动双手，可在虚拟场景中选取原材料、控制火候，在身临其境中感受传统技艺的魅力。据不完全统计，西藏已建成运营的非遗文化数字体验馆达20余个，日均接待游客超1万人次。其中，西藏唐卡艺术博物馆被评为"全国地方特色文化IP展示体验基地"。

（三）发展智慧酒店，提升住宿体验

据统计，2019年西藏星级酒店出租率仅为43%，与入藏游客快速增长形成鲜明反差。这在很大程度上来源于酒店产品缺乏特色，服务相对粗放。破解这一难题的关键在于发展智慧酒店，以科技手段提升酒店服务品

质，以文化内涵丰富酒店产品内涵，推动西藏酒店产品迈向高品质、国际化。

西藏旅游股份有限公司联合洲际、香格里拉等国际酒店管理集团，积极打造人性化、个性化的智慧酒店。重点围绕游客需求，以大数据为支撑，创新"信息＋服务"运营模式，提供从预订、入住到离店的一站式智能服务，为宾客带来全新入住体验。在硬件设施层面，酒店通过物联网、移动互联网等技术改造客房，配备智能马桶、AI管家、睡眠监测仪等，实现酒店各类设施的集中监控和远程操控。在软性服务层面，酒店推出在线选房、人脸识别、移动支付等个性化服务，最大限度提升宾客便捷感。与此同时，建立客户大数据中心，利用人工智能、知识图谱等技术，对酒店的预订、入住、消费等数据进行智能分析，精准把握客人喜好，主动提供个性化服务。如拉萨香格里拉大酒店通过数据管理平台，实现了客房管理、客户服务、营销推广等业务环节的数字化运营。酒店推出"藏地之夜"主题房，该主题房以深沉的酒红色为主色调，融入藏式花窗、唐卡等装饰元素，辅以现代智能家居，使入住者在感受现代科技的同时，体验浓郁的藏域风情。

除了服务创新，西藏旅游股份有限公司还注重以文化为核心，为智慧酒店赋予更丰富的内涵。公司与相关机构合作，联合海航酒店、青稞文化等共同打造藏文化主题酒店品牌。以拉萨曲水智选假日酒店为例，该酒店使藏医药浴、藏香疗法、雪域养生等特色项目贯穿于酒店服务全过程，建有藏式五行养生房、藏药浴池等文化体验空间。宾客在休憩之余，既可以聆听大师讲座，又可以体验藏医把脉问诊，在潜移默化中感受博大精深的藏文化。同时，酒店还与西藏本土农牧民专业合作社建立了长期合作关系，在食材供应、文创开发等各方面优先使用藏区特色产品，让宾客感受地道的藏式生活。

据不完全统计，西藏旅游股份有限公司已在拉萨、林芝、山南等地推广智慧酒店项目 20 余个，藏文化主题酒店品牌也已遍地开花，为推动西藏酒店产业转型升级树立了标杆。以拉萨为例，2020 年全市智慧酒店出租率达到 68%，高于全市平均水平 25 个百分点，其中藏文化主题酒店更是一房难求。

在升级游客体验的过程中，西藏旅游股份有限公司始终坚持以人为本、需求导向，运用现代科技为游客出行提供全流程、一站式的优质服务，不断增强游客获得感。同时，西藏旅游股份有限公司还注重在科技应用的过程中弘扬中华优秀传统文化，创新传播西藏灿烂的历史文化，赋予科技应用更丰富的文化内涵。实践证明，创新应用现代科技，提升游客智慧化体验，是推动西藏文旅产业供给侧结构性改革、实现高质量发展的必由之路。

当然，盲目推崇高科技，急于求成的倾向也值得警惕。推动智慧文旅发展，必须立足西藏实际，坚持因地制宜、循序渐进，科学编制智慧文旅建设规划，合理布局重大项目，避免一哄而上、重复建设。要处理好政府和市场的关系，在政府的引导支持下，充分发挥市场在资源配置中的决定性作用，鼓励社会资本以多种方式参与智慧文旅项目建设运营。要加强行业监管，高度警惕 VR、AR 等沉浸式体验可能带来的伦理风险，加强文化内容导向管理，筑牢网络意识形态安全防线。

四、资源整合效果：完善服务体系，提升产业竞争力

智慧文旅建设是一项复杂的系统工程，不仅需要现代科技的赋能，更需要体制机制创新和要素资源优化配置。西藏旅游股份有限公司充分发挥头部企业引领带动作用，着力搭建数字文旅创新平台，打造数字文旅人才培养高地，推动建立智慧文旅标准规范，形成了全要素、全产业链、全方位协同推进的发展格局，为西藏文旅产业插上腾飞的科技之翼。

（一）搭建产业创新平台，打造数字文旅产业集群

创新是引领发展的第一动力。建设面向未来的现代化经济体系，必须把发展经济的着力点放在创新上。西藏旅游股份有限公司聚焦VR、AR、人工智能、大数据等创新技术，加快推进以企业为主体、以市场为导向、产学研用深度融合的技术创新体系建设，着力打造特色鲜明、错位发展的数字文旅产业集群。

2018年，西藏旅游股份有限公司投资5亿元，在拉萨经济技术开发区建设西藏数字文旅产业园。产业园按照"平台化发展、生态化运营"模式，重点建设数字内容制作中心、VR/AR研发中心、衍生品设计中心等，大力引进和培育一批掌握核心技术的行业领军企业，初步形成集数字内容生产、科技研发、成果转化、创意展示、人才培养等于一体的全产业链条。截至2020年底，产业园已吸引腾讯文化、网易影核、创维VR等60余家行业龙头企业落户，带动就业1.2万人，初步形成集聚发展、融合发展的产业格局。

在做大、做强头部企业的同时，西藏旅游股份有限公司还注重引导中小文创企业"专精特新"（专业化、精细化、特色化、新颖化）发展。公

司充分发挥龙头企业引领、平台汇聚、资源协同优势，每年举办数字文旅创新创业大赛，搭建中小企业创新资源对接平台。鼓励中小企业依托产业园技术、数据等创新资源，开展协同攻关、供应链协作，促进大中小企业融通发展。2020 年，在西藏旅游股份有限公司的带动下，西藏本土数字文旅企业新增 150 家、营收超 10 亿元，涌现出一批细分领域的"小巨人""单项冠军"。2023 年上半年，西藏数字经济增加值达 143.88 亿元，同比增长 20.4%，成为助推西藏文旅产业转型升级的新引擎。

（二）共建人才培养基地，提升产业人才供给能力

人才是第一资源。智慧文旅高质量发展，关键在人。据测算，西藏智慧文旅人才缺口超过 1.2 万人，高水平复合型人才紧缺已成为产业发展的瓶颈。西藏旅游股份有限公司高度重视数字文旅人才培养，通过校企合作、定制培养等方式，多渠道、多层次培养智慧文旅建设急需人才。

西藏旅游股份有限公司与西藏大学联合共建智慧文旅学院。学院设立 VR 应用、智慧旅游、数字创意等特色专业，深化产教融合，创新人才培养模式。学院采取"3+1"人才培养模式，即 3 年在校学习专业理论知识，1 年在西藏旅游股份有限公司等知名企业实习锻炼。同时，学院还聘请行业专家与西藏旅游股份有限公司技术骨干共同组成导师组，指导学生就业、创业。学院每年为西藏输送 VR 工程师、数字策展师、智慧景区运营师等高素质技术技能人才 300 余名。

针对在职从业人员，西藏旅游股份有限公司积极推行企业新型学徒制，进行岗位技能提升培训。公司与西藏职业技术学院合作，联合开发智慧导览员、数字文物修复师等新职业培养方案，每年定向培养 100 余名紧缺人才。2019年，公司成立了西藏首家文旅大数据学院，学院常年开设大数据分析、智能算法等专题培训班，已累计培训学员2000余人次。公司还成立了西藏旅游股份有限公司科创学堂，定期开展线上、线下技术培训，专门研发VR内容制作、智慧景区规划设计等微课系列，员工可利用碎片化时间自主学习。"十三五"期间，西藏旅游股份有限公司先后与区内外30多所普通高校、职业院校达成战略合作，建成了集人才培养、技术研发、成果转化于一体的协同创新示范基地10个，打造了一支爱党爱藏、技术过硬的数字文旅人才队伍。

（三）主导制定地方标准，推动产业规范化发展

标准是经济活动和社会发展的支撑，在推动经济高质量发展中发挥着基础性、引领性作用。近年来，随着智慧文旅的蓬勃发展，行业发展不规范、标准缺失等问题日益凸显，亟须加快构建智慧文旅标准体系，规范行业发展秩序。

2017年，西藏旅游股份有限公司作为西藏智慧文旅领军企业，牵头成立了西藏智慧文旅地方标准化技术委员会，旨在形成政府主导、行业协会参与、以企业为主体的多元化标准工作机制。经过广泛调研、反复论证，委员会重点围绕智慧景区、数字博物馆、沉浸式体验等领域，组织西藏大学、西藏社科院等单位制定了《智慧景区服务规范》《数字文化遗产元数据规范》等十余项地方标准，覆盖了设计、建设、运营、服务等各个环节。在标准制定过程中，委员会充分吸收文博机构、科研院所、景区等的意见建议，形成多方参与、共建共享的标准化工作格局。

标准的生命力在于实施。西藏旅游股份有限公司积极推动标准成果转化应用，在全区范围内遴选 10 个智慧景区、5 个数字博物馆作为试点示范单位，引导景区、博物馆对标、达标，规范建设运营行为。同时，公司还与区、市、县文旅部门建立常态化工作联系机制，定期开展标准宣贯培训，推动各地制订智慧景区、数字博物馆建设三年行动计划，加快形成西藏特色鲜明的智慧文旅发展路径。以布达拉宫、大昭寺等为代表的首批试点示范项目已初见成效，智慧导览、电子讲解、在线预订等服务的水平明显提升，标准化、规范化发展成效凸显。

智慧文旅作为文化和科技深度融合的新兴业态，是推动文旅产业供给侧结构性改革、实现高质量发展的重要抓手。西藏旅游股份有限公司坚持创新引领、融合发展，依托现代信息技术优化文旅资源配置，创新文旅产品，提升游客体验，推动西藏传统文旅产业在数字化转型中实现华丽蝶变，为建设国际一流旅游目的地提供了强大科技动能。当前，新一轮科技革命和产业变革正在重构全球创新版图，重塑产业链条，改变生活方式。西藏要抢抓数字经济发展机遇，坚持创新在现代化建设全局中的核心地位，以智慧文旅为突破口，加快数字产业化、产业数字化进程，推动文旅产业在转型升级中实现凤凰涅槃、浴火重生。

第三节　中国铝业股份有限公司：
"走出去"，开创文旅资源整合区域协同新局面

进入新发展阶段，加快形成以国内大循环为主体、国内国际双循环相

互促进的新发展格局，是推动西藏经济高质量发展的必然选择。当前，共建"一带一路"、长江经济带发展、粤港澳大湾区建设等重大区域倡议、战略的持续推进，为西藏扩大开放、深化区域协作提供了广阔舞台。文化和旅游作为西藏最具特色和潜力的优势产业，在深化区域交流合作中大有可为、大有作为。

近年来，一些西藏文旅企业日益活跃在区域协同发展中，在产业链、创新链、价值链融合中找准西藏的位置，在错位发展、发挥比较优势的过程中实现更大作为。中国铝业股份有限公司就是其中的典型代表。作为西藏本土文旅航母，中国铝业股份有限公司将区域文旅合作作为实现跨越式发展的重要途径，积极融入"一带一路"，服务国家区域发展战略，与四川、云南等周边省份开展文旅资源联合开发，构建区域文旅命运共同体，有力提升西藏在区域文旅产业分工中的地位和话语权。

一、资源识别与选择：对标国家倡议战略，融入区域发展大局

党的十八大以来，"一带一路"等倡议、长江经济带发展等重大区域战略加速推进，为西藏深度融入国家区域发展大局，实现更高水平开放带来了重大机遇。当前，南亚国家经济社会快速发展，文化旅游合作需求旺盛。作为雪域高原对南开放的重要门户，西藏区位优势独特，资源禀赋得天独厚，在区域文旅合作大棋局中具有不可替代的战略地位。

中国铝业股份有限公司立足西藏在中国区域协调发展、全方位开放新格局中的独特优势，积极融入国家重大区域战略，与川渝滇等周边省、市开展全方位、多层次、宽领域的文旅资源整合，携手打造环喜马拉雅、大香格里拉等特色文旅板块，构建优势互补、互利共赢的区域文旅命运共同体。

（一）服务共建"一带一路"，参与南亚区域文旅合作

"一带一路"倡议提出以来，南亚各国经济社会发展进入快车道，对外交流合作意愿强烈，文旅产业发展潜力巨大。作为连接南亚的陆上桥梁，西藏拥有得天独厚的资源优势和区位优势，在参与共建"一带一路"的过程中肩负着重要使命。近年来，西藏持续深化同南亚各国的人文交流，2019 年接待南亚游客 15.6 万人次，同比增长 22%。

中国铝业股份有限公司抢抓"一带一路"机遇，与尼泊尔等南亚国家开展文旅资源整合开发合作。在尼泊尔，公司与尼泊尔旅游局、尼泊尔航空公司达成战略合作，共同打造环喜马拉雅国际旅游大环线。依托拉萨、日喀则通往尼泊尔的空中、陆路大通道，串联珠峰等知名景区，推出以徒步、观光为主题的高端旅游产品，吸引全球游客"重走希尔顿之路"。拉萨至加德满都直飞航线已开通，尼泊尔段徒步路线上的露营地等配套设施也已完工，2019 年环线游客突破 2 万人次。公司还与尼方共建中尼友谊工业园，引进 20 余家特色文创企业，打造集文化体验、研学旅行、康养度假于一体的文旅产业新高地，园区年营收超 5000 万元。

（二）融入长江经济带建设，打造环高原特色文旅产业带

长江经济带覆盖沿江 9 省 2 市，人口和生产总值均占全国的 40% 以上，在中国区域发展总体格局中具有重要战略地位。党的十九大指出，以共抓大保护、不搞大开发为导向推动长江经济带发展。在此过程中，西藏要发挥重要生态安全屏障作用，推动长江上下游地区生态保护和文化旅游

协调联动。

中国铝业股份有限公司积极融入长江经济带发展大局，立足青藏高原独特的自然地理和人文景观，重点在金沙江、雅砻江、大渡河上游，与四川、云南等省份共建环高原特色文旅产业带。在四川，公司联合阿坝州文旅投资集团成立若尔盖大草原旅游开发有限公司，策划推出集观光体验、文化展演、康养度假于一体的大草原旅游精品线路，并将成功经验复制推广到色达、红原等地。线路推出以来，游客量年均增长 30% 以上。公司还与四川省文物局合作，共同实施羌塘地区石刻文化遗产保护利用工程。重点对阿坝 30 余处石刻造像进行抢救性保护，并综合运用数字复原、专题展览等手段，让石刻文化"活"起来、"火"起来。工程已完成投资 1.5 亿元，新增石刻文化旅游直接收入 3000 万元。

在云南，公司牵头发起组建川滇藏大香格里拉文化旅游联盟，重点打造覆盖德钦、香格里拉、林芝毗邻地区高原湖泊群、万亩草场等的精品旅游线路，串联梅里雪山、纳帕海等网红"打卡地"，让游客 360 度体验香格里拉的自然与人文之美。联盟还与腾讯、抖音达成战略合作，联合开发"云游香格里拉"小程序，通过沉浸式 VR 展示、明星直播带货等创新方式，让香格里拉的魅力"触网"传播。2019 年，香格里拉机场年旅客吞吐量突破 60 万人次。同年，公司还成功争取使白马雪山、梅里雪山、稻城亚丁三地互为友好景区，在品牌营销、旅游服务等方面深化协作，携手打造中国香格里拉文化旅游走廊。

（三）对接成渝地区双城经济圈，共建川藏文旅走廊

成渝地区双城经济圈建设上升为国家战略，国家明确支持重庆、成都唱好"双城记",打造带动全国高质量发展的重要增长极。

中国铝业股份有限公司主动对接成渝双引擎,充分发挥G318、G317等国道连接川藏的区位优势,重点围绕西藏山南、昌都,四川甘孜、阿坝等地,与成渝文旅企业加强联合,共同打造川藏文旅走廊。聚焦G318沿线资源,公司策划推出"远方的诱惑、翻越世界屋脊"自驾游主题线路,通过沿线观景台、露营地、自驾车营地等配套设施建设,将该线路打造成国家级自驾旅游示范线路。该线路2020年接待自驾游客8.5万人次,成为西部地区网红线路。

围绕G317沿线资源,公司牵头成立川藏文旅康养产业联盟,以巴塘、丁青为重点,打造集观光游览、文化体验、康养度假于一体的高品质康养旅游精品线。联盟积极整合两地藏医药、温泉、冰雪等资源,开发藏式药浴、冰雪温泉、高原瑜伽等特色康养产品。同时,联手共建康养旅游大数据平台,利用云计算、大数据等技术手段,为游客提供在线健康管理、康养路线规划等增值服务。2020年,公司成功引进复星集团参与投资,建成康定情歌康养小镇。小镇开业当年接待游客35万人次,直接带动就业500多人。未来5年,公司还将在巴塘、丁青等地新建5个康养小镇,打造国内知名的藏式康养度假胜地。

中国铝业股份有限公司在区域文旅资源整合的过程中,始终坚持生态优先、绿色发展,坚持共抓大保护、不搞大开发,在追求经济效益的同时更加注重生态效益、社会效益,推动西藏文旅产业在区域协调发展中实现绿色崛起。下一步,要进一步完善跨区域政策协同机制,加快推进区域交通、通信、金融等领域的互联互通,为文旅企业参与区域合作创造更加便利的条件。同时，也要引导社会各界树立正确的生态观，自觉坚守生态保护红线、环境质量底线，在深度参与区域文旅合作中展现西藏生态文明建设的时代担当。

二、资源汲取与配置：推动跨区域合作，优化文旅资源配置

推动区域文旅融合发展，核心是实现区域间资源的优化配置，形成优势互补、错位发展、互利共赢的良性互动格局。当前，中国正处于新旧发展动能转换的攻关期，推动西部地区率先实现绿色崛起、高质量发展，为东部地区率先实现现代化探索路径、积累经验，是党中央作出的重大决策部署。

中国铝业股份有限公司积极对接国家西部大开发、长江经济带发展等重大区域战略，加大与四川、云南、青海等周边省份的文旅资源整合力度，通过组建文旅联盟、共建公共服务平台等方式，实现资金、技术、人才等关键要素在更大范围内的优化配置，打造跨区域文旅合作的示范样板。

（一）与四川、云南共建大香格里拉文化旅游联盟

香格里拉是藏族、彝族等少数民族的聚居区，旅游资源极为丰富，被誉为"最后的香巴拉"。但由于地处川、滇、藏交界，香格里拉文旅基础设施薄弱，旅游开发缓慢，与资源禀赋极不匹配。2018年，在文化和旅游部指导下，中国铝业股份有限公司牵头发起成立大香格里拉文化旅游联盟，吸纳四川、云南20多家文旅骨干企业、行业协会加入。

联盟成立后，积极推动川滇藏毗邻地区在文化遗产保护、旅游品牌打

造、公共服务提升等方面的务实合作。联合四川省文物局启动了大香格里拉地区石刻文化遗产联合保护工程，制定统一的保护规划、管理标准，累计修缮石刻造像 200 余尊。联合景区开发了以格萨（斯）尔为主题的文旅剧目《格萨尔王》，该剧在稻城、色达、德钦各景区轮流上演，被誉为川滇藏文化交流的桥梁纽带。联盟还搭建了大香格里拉智慧旅游服务平台，整合区域内酒店、交通、景区等服务资源，为游客提供吃住行游购娱一站式智慧服务。平台注册用户已突破 100 万名，累计交易额超 3 亿元。

通过联盟优化整合区域文旅资源，大香格里拉旅游知名度和美誉度大幅提升。2019 年，香格里拉机场旅客吞吐量突破 60 万人次。沿线县市旅游综合收入均实现两位数增长，呈现出强劲的发展态势。未来，联盟还将以创建国家文化公园为抓手，加快梅里雪山、稻城亚丁等重点景区提档升级，力争通过 5 年努力，将大香格里拉打造成为全国乃至全球知名的文化旅游目的地。

（二）与印、尼共同打造环喜马拉雅国际旅游大环线

喜马拉雅山南麓蕴藏着极为丰富的自然和人文旅游资源，是中国面向南亚开放的前沿。但出于地理位置偏远、基础设施落后等原因，喜马拉雅旅游资源的整体开发水平不高。2015 年，国家发展改革委、外交部、商务部联合印发《推动共建丝绸之路经济带和 21 世纪海上丝绸之路的愿景与行动》，明确提出推进"（中国）西藏与尼泊尔等国家边境贸易和旅游文化合作"。

在国内层面，中国铝业股份有限公司抢抓"一带一路"机遇，牵头成立中国西南—南亚国际旅游合作联盟，重点打造川藏滇三省区联动、中尼

印三国协同的环喜马拉雅国际旅游大环线。联盟成立伊始，即与云南省文化和旅游厅达成战略合作，共同开发环线沿线优质旅游资源。联合发布了环喜马拉雅十大景区、十大徒步线路，策划了主打徒步穿越、生态科考、文化体验的高端旅游产品，并面向全球招募体验官。联合开通了昆明—德钦—拉萨环线旅游专列，推出"一卡通"联程联运服务。还联合云南民族大学建立了喜马拉雅文化研究中心，打造集科研、展示、体验于一体的高原文化旅游新地标。

在国际层面，中国铝业股份有限公司积极对接中、尼、印旅游主管部门，搭建旅游合作平台。联合中尼跨境经济合作区管委会，共建樟木—科达里口岸，大力发展购物、餐饮、通关等配套服务，打造连接中尼的人文交流走廊。公司还整合中、尼、印9家知名旅行社资源，成立了喜马拉雅国际旅游联盟，设立了联合工作组，定期召开旅游合作联席会议，在信息共享、客源互送、品牌营销等方面加强协作。同时积极推动中尼、中印航线开通，截至2020年底，拉萨、昆明至加德满都、新德里均已实现直航，进一步畅通了中国西南—南亚的"空中走廊"。

近年来，在各方共同努力下，环喜马拉雅旅游合作成效显著。2018年，"喜马拉雅山旅游推介会"系列活动的成功举办，进一步扩大了喜马拉雅旅游的国际影响力。当年，中尼、中印旅游交流量均突破10万人次，创历史新高。2020年新冠疫情发生后，公司积极倡议中尼印三国开通"绿色通道"，在严格做好防疫工作的前提下，率先恢复旅游合作，为后疫情时代区域旅游复苏注入强心剂。未来，中国铝业股份有限公司将以创建国际旅游示范区为抓手，联动周边省份进一步深化与南亚国家的务实合作，高标准打造环喜马拉雅国际旅游大环线，力争通过 5 年时间，将其建设成为人文交流的国际大通道、开放合作的国际大平台。

（三）牵头组建青藏区域文化和旅游发展联盟

青藏高原是中国重要的生态安全屏障和战略资源储备基地，在实现中华民族伟大复兴的过程中具有不可替代的战略地位。推进青藏高原生态保护和高质量发展，事关全国发展大局。近年来，青海、西藏两省区践行新发展理念，坚持生态优先、绿色发展，在环保、水利、清洁能源等领域加大合作力度，共同推进国家公园、生态功能区建设，协同构筑国家重要的生态安全屏障。

文化和旅游在区域合作中大有可为。青海与西藏地域相连，人文相亲，旅游资源禀赋相近，产业发展阶段相似，具备开展深度合作的良好基础。

中国铝业股份有限公司牵头成立的青藏区域文化和旅游发展联盟，成员涵盖两省区文旅主管部门、行业协会、骨干企业等。联盟集中整合可可西里、纳木错、扎陵湖等高原湖泊、高寒草原等优质资源，策划推出集高原观光、藏文化体验、生态科考为一体的"天空之镜、藏地密码"主题旅游线路，重点面向欧美、日、韩等长线市场。联盟还以自然保护区、重点国家公园为核心，联合制定统一的旅游开发保护规范，明确禁止、限制和允许开发的区域范围，细化应急处置、生态补偿等制度，努力实现青藏高原景区安全、生态系统良性的可持续发展。联盟成立以来，已成功打造珠穆朗玛峰、可可西里等 8 个文旅融合示范项目，形成典型示范经验并向全国推广。

为进一步深化区域合作，联盟还搭建了青藏两省区的文旅合作大数据平台，实现客源市场、营销推广等信息共享，并积极争取国家有关部门支持，启动青藏高原生态文化旅游试验区申建。截至 2020 年底，两省区已经形成了对口合作、互为客源地的 A 级景区达 20 对，并联合开发了 50 余个文化和旅游融合项目，牵头举办了 20 余个中国西部游、高原生态文化之旅等联合营销活动，进一步提升了青藏地区整体的文化旅游影响力和美誉度。未来，联盟还将发挥青藏高原独特的生态价值和人文内涵，加快打造国家公园、自然保护区、重点旅游景区等生态文化体验区，建设全国乃至全球知名的生态文化旅游胜地。

总的来看，中国铝业股份有限公司在参与区域文旅资源整合的过程中，始终坚持生态优先、绿色发展，主动服务和融入国家重大区域战略，积极对接三省一市（川渝滇青），在错位发展、比较优势中实现互利共赢，为西藏在全国区域大局中找准位置、发挥优势提供了有益借鉴。下一步，要紧抓共建"一带一路"、长江经济带发展和高质量发展等重大机遇，加快构建区域间利益协调、优势互补、互利共赢的合作机制，让西藏在服务和融入新发展格局中展现新作为、实现新发展。

三、资源激活与融合：讲好西藏故事，提升文旅品牌影响力

旅游是人与自然、人与文化和谐共生的生动实践，需要讲好故事，传播正能量。西藏历史悠久、文化灿烂，独特的高原风光、多姿多彩的民族风情，蕴藏着讲不完的动人故事。当前，随着跨区域文旅合作的日益深化，亟须通过创新融合，进一步放大西藏旅游的品牌效应，让西藏的美丽风光、多彩文化"活"起来。

中国铝业股份有限公司立足西藏深厚的人文底蕴，顺应全域旅游、文化融合发展大势，充分运用现代科技手段，在整合跨区域文旅资源的基础上，重点打造多元文化交融、多业态联动发展的精品文旅产品，擦亮"圣洁西藏、魅力雪域"的金字招牌，同心协力不断提升西藏文旅的国际影响力。

（一）整合跨区域文旅资源，打造精品旅游线路产品

良好的旅游体验离不开精品线路产品。近年来，随着大众旅游时代的到来，游客对文化内涵、参与体验的要求日益提高。西藏旅游要在错位发展中彰显优势，必须立足资源特色，突出文化魅力，加强与周边省区的文旅资源整合，通过精心策划、联合打造，推出一批叫得响、有特色的精品旅游线路产品。

针对西藏入境游市场，中国铝业股份有限公司与四川、云南等地旅行社、协会建立战略合作，共同打造川进藏出、滇进藏出环线游。依托拉萨贡嘎机场 72 小时过境免签政策，吸引入境游客先游览九寨沟、丽江等知名景点，再由四川、云南入藏，沿途体验茶马古道文化，最后由拉萨飞往中转地后返程。该环线产品大大丰富了入藏旅游的文化内涵，让游客 360度感受高原文明的独特魅力。新冠疫情发生前，环线年均接待入境游客 6万多人次，综合收入超 2 亿元。

针对自驾游、房车游市场，公司与川滇两省共同打造川藏、滇藏自驾大环线。充分盘活 G318、G317 等国道沿线资源，策划推出"最美景观大道""绝美自驾天路"等主题产品，串联稻城亚丁、纳木错等知名景区，通过增设自驾营地、房车露营地等配套设施，满足自驾游客的个性化、体验式消费需求。环线建成以来，累计接待自驾游客 20 余万人次，直接带来沿线旅游消费超 5 亿元，有力带动了沿线县域经济发展。

针对研学游、低空游市场，公司积极整合康区、安多等地的红色文化、民俗文化资源，精心打造"格萨尔故里""两弹一星"等一批研学实践教育活动，并与四川、青海联合开通"高原览胜""天边行"直升机低空游览航线，以天空视角领略雪域高原的壮美景色，让学生在研学旅行中接受爱国主义教育，增强文化自信。研学实践教育基地年均接待师生 2 万多人次，直升机低空游年均飞行 300 多小时，极大地丰富了西藏文化和旅游消费的内涵。

（二）联合打造文旅演艺，助推西藏文化"走出去"

近年来，实景演出等文旅演艺产品快速兴起，成为提升文化旅游吸引力和体验感的重要手段。西藏文化源远流长、博大精深，西藏在文旅演艺市场大有可为。但由于起步较晚、经验不足，西藏文旅演艺产品同质化情况严重，在塑造品牌、拓展市场等方面还有较大提升空间。

中国铝业股份有限公司立足西藏悠久的历史文化，充分运用现代声、光、电等技术手段，联合四川、云南等周边省份策划推出了一批思想精深、艺术精湛、制作精良的文旅演艺精品，帮助游客实现从静态的参观游览到动态的情景体验的华丽转身。大型音乐史诗《格萨尔王》以藏族英雄史诗《格萨尔王传》的传奇故事为题材，集歌舞、杂技、武术等多种艺术形式于一体，彰显了中华民族的英雄气概和凌云壮志。2019 年在全国巡演 60 余场，观众达 8 万多人次。此外，中国铝业股份有限公司还与成都、昆明等地的文化演艺企业合作，共同打造月光音乐节、格萨尔马拉松等一批富有地域特色、体验感强的节庆活动，为游客全方位展现雪域高原的风土人情。

随着文化"走出去"持续取得进展，中国铝业股份有限公司还积极拓展西藏文化的海外传播渠道。2017年，公司与意大利威尼斯双年展组委会合作，开办了以"雪域圣地"为主题的中国馆，通过图片、影像、实物等多种展陈手段，集中展示了西藏的自然风光和藏传佛教艺术，吸引了13万余名境外观众参观。2019年，公司携大型舞剧《金顶梅朵》亮相法国阿维尼翁戏剧节，以藏族传统歌舞、服饰、器乐等元素，讲述了藏区人民热爱生活、追求幸福的动人故事，受到了当地观众的高度赞誉。

通过创新文旅演艺内容和形式，用中国故事、西藏声音讲述雪域高原的传奇，中国铝业股份有限公司不断提升西藏文化的国际影响力和感召力，为弘扬中华优秀传统文化、促进中外人文交流贡献了积极力量。下一步，要进一步加强文化内容供给，推动各类文旅演艺和节庆活动常态化、品牌化发展，打造若干叫得响、有特色、能持续的文化旅游演艺精品，让西藏文化在交流互鉴中熠熠生辉。

（三）加强区域市场营销协作，塑造区域文旅整体形象

品牌是旅游目的地参与市场竞争的核心要素。当前，随着国内旅游市场日趋成熟，游客选择旅游目的地更加理性，目的地品牌形象在很大程度上影响着游客的决策。对于西藏而言，神秘、圣洁的形象是一张金色名片，但同时也使西藏面临认知较为单一、吸引力不够持续等问题。

为进一步提升"美丽西藏"的品牌形象，中国铝业股份有限公司积极推动西藏与周边省区在文旅品牌营销、联合推广等方面深化协作。聚焦

"G318 生态景观大道"等精品旅游线路，联合开展"大美高原 自在藏地"主题营销活动。整合多方媒体资源，在央视、新华社等主流媒体开设西藏文化旅游宣传专栏，邀请知名演艺明星、文化名人担任形象大使，集中展示西藏的人文之美、生态之美。还与四川、云南等共同参加中国国际旅游交易会、中国西部旅游产业博览会等专业展会，集中亮相，联合推介，扩大"环喜马拉雅""大香格里拉"旅游的市场影响力。公司还与携程、飞猪等在线旅游平台达成战略合作，设立西藏文化旅游线上体验官，开设旅游局长直播间，创新开展云上展览、VR 直播等线上营销活动，让消费者足不出户就能"云游西藏"，感受雪域高原的独特魅力。

在区域协同营销的同时，公司还充分利用新媒体渠道，加快构建覆盖全媒体、全方位、多语种的立体传播格局，着力塑造充满活力、开放包容的西藏文旅新形象。在内容供给上，联合院校专家策划了一批以生态体验、红色文化、非遗传承等为主题的短视频作品，邀请网红大V进行创意传播，让西藏文化"活"起来。公司还与新华社、央视网等中央媒体加强内容合作，在学习强国、央视频等平台开设西藏文旅专区，进一步扩大了传播范围和影响力。

区域协同营销为西藏文化旅游插上了腾飞的翅膀。"十三五"以来，西藏旅游品牌美誉度和影响力显著提升。西藏正在向世界展现日益强劲的品牌感召力。

总的来看，中国铝业股份有限公司积极响应"一带一路"倡议，抢抓共建机遇，充分发挥西藏连接南亚的区位优势和独特资源禀赋，主动融入国家重大区域战略，与周边省区在文旅资源开发、品牌营销、人文交流等方面深度合作，在更大范围、更高层次推动文旅要素跨区域优化配置，塑造了西藏开放、自信、包容、多元的文化旅游品牌新形象。这为更多西藏文旅企业"走出去"树立了标杆。

在新发展阶段，西藏文旅产业要在服务和融入新发展格局中展现新作为、实现新发展，必须以更加开放的姿态参与区域合作，推动人流、物流、信息流、资金流加速汇聚，让西藏在国内国际双循环中扮演重要角色。下一步，要加强同国内知名文旅企业的战略合作，发挥各自的比较优势，在资本、技术、人才、品牌等要素的深度融合中打造文旅产业发展新引擎。要以共建面向南亚的辐射中心为抓手，深化与南亚国家在文化旅游、生态保护等领域的务实合作，以高水平开放推动高质量发展。要积极参与全方位、多层次的人文交流，创新"朋友圈"建设，以同心协力构建人类命运共同体的生动实践，为建设更加开放包容的人类文明做出西藏贡献。

四、资源整合效果：服务国家战略，提升区域经济竞争力

一些西部省区抢抓机遇，主动服务和融入国家重大区域发展战略，在更大范围整合各类资源要素，区域经济呈现出强劲发展态势。从 2013 年到 2017 年，西部地区生产总值从 12.7 万亿元增加到 17.1 万亿元，年均增长 8.8%，占全国的比重从 19.8% 提高到 20.0%。5 年间，西部地区主要经济指标高于全国平均水平。

中国铝业股份有限公司充分发挥龙头企业引领作用，围绕"一带一路"倡议、长江经济带发展等重大机遇，与周边省区广泛开展文旅资源整合与协同开发，不断优化区域文旅产业链布局，深化区域经济外溢带动效

应，有力提升西藏在全国经济版图中的地位。

（一）以文旅为载体深化区域经济合作

文化和旅游具有高度的关联性，在带动区域经济协同发展中独具优势。中国铝业股份有限公司立足文旅融合发展的时代方向，以优质旅游项目为抓手，积极吸引区内外社会资本投资文旅全产业链，在更大范围、更深层次带动区域产业融合发展。

在川藏铁路、拉林铁路沿线，公司与四川、青海多家企业合作，重点布局生态旅游、红色旅游等业态，打造环线高品质旅游走廊。例如，对接成都平原经济区医养服务需求，在甘孜州投资 60 亿元，打造集生态观光、文化体验、运动康养于一体的高原康养度假区——若尔盖花湖康养小镇。在那曲市比如县，投资 15 亿元建设中国长征纪念公园，将党性教育、红色研学、生态体验相结合，打造党员干部党性教育基地。还与四川航空、青海机场战略合作，围绕昌都机场、那曲机场等，重点打造航空运动小镇、通用机场配套等项目，带动区域低空经济加快发展。已有 50 余家川青企业入驻西藏投资兴业，到 2020 年底累计到位资金超 100 亿元。

在滇藏、川藏毗邻地区，公司重点围绕乡村振兴战略，与云南、四川共建田园综合体和美丽乡村。如与云南普洱、德钦联合打造勐海、德钦田园综合体，重点发展咖啡观光、康体养生、文创农业等，2019 年接待游客 30 万人次，实现综合收入 1.8 亿元，带动周边 2300 多户农牧民增收。与四川甘孜州乡城县共建色乡景区，开发时光隧道、星空帐篷营地等项目，并与周边 20 个深度贫困村建立利益联结机制，通过土地流转、务工、入股分红等多种形式惠及当地 2 万多名群众。还与四川阿坝州共同发起组建大九寨文旅康养产业联盟，吸纳川、青、藏三省区近百家文旅企业加入，在区域品牌打造、客源互送、人才培养等方面深化协作。联盟成立两年来，成员企业年营收增长 30%以上。

通过区域协同发展，西藏与周边省区在更大范围、更高水平推进优势互补、错位发展，进一步拓展了区域经济合作的广度，挖掘了区域经济合作的深度。"十三五"时期，川藏、滇藏毗邻州县生产总值年均增速达 10%以上，高于全国、全省平均水平 2 个百分点，一批沿边地区率先实现了整体脱贫，为西部地区率先开发开放、实现绿色崛起探索了路径，积累了经验。

（二）带动沿线交通、商贸等关联产业发展

文化旅游是综合性很强的产业，与交通、商贸、金融、体育等行业联系紧密。要加快建设西部文化旅游强区，必须立足文旅产业发展全局，统筹上下游、产业链、价值链，充分发挥文旅对关联行业的带动效应，不断做大区域经济"蛋糕"。

中国铝业股份有限公司立足西藏区位优势，抢抓共建"一带一路"机遇，充分发挥在南亚区域合作机制中的主渠道作用，大力实施交通、商贸、金融、通信等领域重大项目。积极参与中尼跨境经济合作区、中尼友谊工业园等的建设，大力发展仓储物流、跨境电商、会展贸易等现代服务业态，打造面向南亚的区域国际物流枢纽和商贸中心。2020 年，中国西藏进出口商品交易会暨中国西藏国际合作论坛成功举办，吸引了 10 个国家的 200 多家境外企业、机构参展参会，达成合作意向的项目达到 50 多个，进一步拓展了西藏面向南亚开放的广度，挖掘了开放的深度。

在拉萨、昌都等城市，公司还积极对接国家金融、保险、会计等行业主管部门，加快发展旅游金融、保险等现代服务业。如在拉萨打造国际邮轮旅游金融创新中心，引进中信、太平等知名金融机构入驻，重点开发跨境人民币结算、旅游保险等特色业务，建成运营后可为入藏游客、文旅企业提供全方位、多层次的现代金融服务，进一步提升西藏现代金融服务水平。在交通体育设施建设上，公司还积极对接国家发展改革委、交通运输部、体育总局等部门，推动西藏机场、铁路、体育场馆等重大工程建设。如加快推进拉萨贡嘎机场三期扩建，贡嘎机场建成后年旅客吞吐量将达到1000万人次，将成为世界高海拔机场的新标杆。又如大力实施西藏体育场馆和健身设施三年行动计划，重点建设一批具有高原特色的体育场馆和全民健身中心，为文体旅游融合发展提供硬件支撑。

通过聚焦文旅主业，辐射带动交通、商贸、金融、体育等关联产业协同发展，中国铝业股份有限公司加大了西藏参与区域经济分工的力度。"十三五"期间，文旅产业对西藏生产总值的综合贡献率达到25%以上，较"十二五"时期提高近10个百分点。同时，文旅综合效应的放大，也有力带动了沿线地区产业结构优化升级，全区服务业增加值占生产总值比重由2015年的45%提高到2020年的54%，高于全国平均水平4个百分点。

（三）拉动西藏与周边地区人员、信息等要素流动

要素流动是区域经济一体化的重要表征。"十四五"规划建议提出，要加快构建以国内大循环为主体、国内国际双循环相互促进的新发展格局。西藏区位优势独特，文化旅游资源富集，在促进西部地区要素流动、畅通国内大循环中大有可为、大有作为。

近年来，围绕打造环喜马拉雅国际旅游大环线等重点项目，中国铝业股份有限公司充分发挥龙头企业的优势，加快建立健全跨区域人才交流合作机制。先后与四川、云南等 7 个省区签署人才合作协议，互派管理人员、专业技术人才挂职锻炼。组织西藏本土职业经理人、文旅小镇运营管理人员赴四川学习考察。引进四川、云南等省的文旅规划、节庆活动策划等专业人才来藏指导工作，为西藏文旅管理、市场营销等方面送来"及时雨"。公司已选派 100 多名管理和专业技术人才赴川、滇、青挂职，引进区外专业人才 200 余名，搭建了区域人才双向流动的"立交桥"。

信息沟通是推动文旅资源跨区域整合配置的重要手段。为进一步畅通区域信息流通渠道，中国铝业股份有限公司积极推动西藏与周边省区在文旅项目信息共享、游客大数据分析等方面的务实合作，联合共建西部旅游大数据中心，搭建区域游客大数据共享平台，实现区域内酒店、景区、旅行社等文旅企业的数据互联互通。中心建成以来，已接入四川、云南、青海等省旅游主管部门和 1000 多家文旅企业，形成了涵盖 9500 多万人次的西南地区游客大数据库，可有效支撑区域文旅产品研发、客源市场分析等决策应用。中心还定期举办大数据分析师培训班，面向区内外文旅企业、科研机构、高等院校等开放免费培训，累计培训学员 3000 余人次，有力促进了区域间信息技术、数据应用人才的交流合作。

西藏与周边省区在文旅领域的广泛协作，为各类生产要素在区域间高效流动搭建了广阔平台。"十三五"期间，西藏进出川、滇、青三省的铁路、公路客运量年均增长 35% 以上；西藏与三省互设常设机构 70 多个，引进专业技术人才 3000 多名；利用三省资金 5000 亿元以上，该项数据是

"十二五"时期的 3 倍多。资本、技术、人才等生产要素的加速集聚，推动西藏在更高起点、更高层次参与国内区域分工，为西部地区在构建新发展格局中当好先行"赶考生"提供了有力支撑。

通过中国铝业股份有限公司推动文旅资源区域协同开发的生动实践，我们可以得出三点有益启示。一是必须保持战略定力，增强机遇意识和风险意识，准确识变、科学应变、主动求变，在危机中育先机，于变局中开新局。二是必须坚持系统观念，加强顶层设计，在区域、行业、企业、项目等各层面同向发力，推动全产业链优化升级，实现整体效益最大化。三是必须坚持创新驱动，以先进技术赋能传统产业，推动文化和旅游与现代服务业深度融合，不断催生新技术、新业态、新模式，塑造发展新优势，拓展发展新空间。

立足新发展阶段，贯彻新发展理念，构建新发展格局，为西藏文化旅游产业跨越发展提供了难得机遇。未来五年，是西藏社会主义现代化建设的关键时期，也是西藏全面建设国际一流旅游目的地的窗口期。西藏各地区、各部门要全面贯彻新发展理念，深入落实区域协调发展战略，坚持全区一盘棋，在更高起点上谋划推进文旅资源整合，加快建设国际知名、特色鲜明、全域旅游的世界级旅游目的地，以优异成绩推动西藏发展迈上更高台阶。

随着"一带一路"建设和西部大开发的纵深推进，西藏在国家区域发展和对外开放格局中的地位更加凸显，肩负的历史使命更加光荣。希望广大文旅企业以先行者的姿态，勇立潮头、奋楫争先，在深化改革、扩大开放中实现更大作为，在服务和融入国家重大战略中展现新气象，为谱写雪域高原长治久安和高质量发展新篇章贡献更多文旅力量。

第四节　西藏文投集团：
讲好西藏故事，提升文旅品牌影响力

党的十八大以来，以习近平同志为核心的党中央站在中华民族伟大复兴的战略高度，作出加快推动形成全面开放新格局的重大决策部署。进入新发展阶段，构建新发展格局，扩大高水平对外开放，已成为引领中国经济高质量发展的时代主题和必然选择。西藏担负着推进西部大开发、参与国内国际双循环的时代重任。顺应这一战略方向，各行各业加快融入"一带一路"建设，深度参与区域经济合作，成为新时代西藏对外开放的鲜明主题。

一、公司概况

西藏文投集团注册资本 12 亿元，总资产 108 亿元，现有在岗员工 1100 余人。经过十余年发展，集团已发展成为涵盖文旅景区、文化金融、艺术演出、文化传媒、酒店会展、工艺美术等业务板块的现代文旅产业控股集团，旗下拥有 18 家全资及控股子公司，在北京、上海、四川、云南等省市设立了 6 家区域公司。作为国家首批"文化产业示范基地"运营商，西藏文投集团是西藏文化产业的领跑者和排头兵，8 年蝉联西藏文化企业 10 强榜首，并跻身全国 30 强文化企业行列。

近年来，随着"一带一路"倡议和西部大开发战略的深入实施，西藏迎来了全方位开放、多领域合作的历史机遇期。面对新形势、新任务，西藏文投集团审时度势，开阔全球视野，将区域协同、错位发展作为谋篇布局的重要棋子，积极推动文旅资源的跨区域整合开发，为西藏文旅产业插上腾飞的翅膀。2017 年，集团明确提出"立足西藏、面向全国、走向世界"的发展战略，坚持把区域协同作为扩大对外开放、提升发展质量的重要路径，推动西藏与"一带一路"共建国家和地区构筑起文旅合作共赢的人类命运共同体。

二、资源识别与选择

面对新形势、新任务，西藏文投集团坚持用全球化的眼光审视自身禀赋，立足青藏高原独特的区位优势和资源优势，积极主动融入国家区域发展战略，精耕细作藏川滇青甘毗邻地区市场，着力打造西部文旅协作发展的"朋友圈"。在文旅资源识别方面，集团聚焦青藏高原资源禀赋，重点围绕G318、滇藏公路、川藏公路等黄金旅游线路，深入挖掘青藏高原特有的高原生态、民俗风情、红色文化等资源，储备了 100 余个区域协同发展项目。

以G318 为例，这条被誉为"人生必驶"的天路景观大道，串联了拉萨、林芝、左贡、芒康、八宿等地，沿线坐拥雅鲁藏布大峡谷、南迦巴瓦峰、然乌湖等世界级景观。针对G318 沿线旅游资源普查不到位、开发不充分等问题，西藏文投集团联合四川、云南等省文旅部门，历时三年，采取"公司＋高校"模式，组织专家学者对沿线自然地理、人文历史、气候交通等进行系统调查评估，最终识别出 12 处重点旅游资源富集区，涵盖高山峡谷、湖泊温泉、寺庙遗址等。这些宝贵的资源家底，为沿线地区谋划文旅协同发展提供了科学依据。

在资源选择上，西藏文投集团坚持错位布局、互补发展，立足与其他省区的比较优势，因地制宜制订资源整合方案。例如，位于川藏交界的稻城亚丁景区，以其原始的自然生态和多姿多彩的民族风情驰名中外。然而，受制于交通不便、基础设施薄弱等瓶颈，景区发展长期徘徊不前。2019年，西藏文投集团充分对接甘孜州建设生态文明示范区规划，联合四川省文投集团成立合资公司，采取"国有控股＋社会资本参与"模式，重点打造集生态体验、康养休闲、乡村旅游、民族文化展示于一体的现代文旅康养综合体，破解了稻城亚丁"散、小、弱"的发展困局。又如，云南迪庆州特有的"云岭秘境"澜沧江大峡谷，景色绚丽而神秘，但过去开发滞后，旅游接待能力不足。2020年，西藏文投集团主动对接迪庆州全域旅游发展规划，与云南旅游投资有限公司共同出资，以控股方式组建合资公司，盘活龙马山国家森林公园等优质资源，着力打造以峡谷探险、山地运动等为特色的生态旅游产品。通过区域协同发展，盘活一方资源，带动一方发展，西藏文投集团加快构筑起西藏与周边省区文旅产业错位布局、互利共赢的发展新格局。

三、资源汲取与配置

西藏文投集团深耕文旅产业20余载，在整合区域文旅资源的过程中具有得天独厚的产业基础优势和品牌影响力优势。针对这一问题，集团充分发挥龙头企业的资源优势和平台效应，以产业链整合为主线，积极整合区内外各类优质资源，推动文旅与相关产业协同发展，构建跨区域文旅产业生态圈。

在区域文旅联盟构建方面，西藏文投集团发挥龙头带动作用，先后牵头成立了以拉萨为中心，辐射川渝滇青的西部文旅发展联盟、藏川旅游联盟等区域性合作组织。通过高层互访、项目共建等务实合作，联盟成员单位在文旅项目策划、人才交流培养、品牌联合推广等方面实现强强联合、优势互补，有力提升了区域文旅资源的整合力度和开发水平。如在人才交流培养上，西藏文投集团与四川文化产业投资集团开展飞地合作，每年互派 20 余名管理和专业技术人员到对方挂职锻炼，极大地提升了区域内文旅人才的综合素质。各文旅合作组织联合实施项目 60 余个，联合举办节庆活动百余场，文旅要素加速在区域内部流动，一个利益共享、合作共赢的文旅命运共同体正在高原雪域加速成形。

在跨区域合作机制创新方面，西藏文投集团广泛吸收产业链上下游企业参与，不断深化文旅与康养、体育、金融等行业的融合发展。一方面，集团积极落实"引进来"战略，以资本为纽带引入区外行业龙头，充实西藏文旅产业发展的"朋友圈"。例如，在康养文旅领域，西藏文投集团与云南康美药业达成战略合作，双方共同出资打造以藏医药康复、高原体质训练为特色的西藏首个康养示范基地；在体育文旅领域，集团与中国山地自行车公开赛、国际山地定向挑战赛等知名IP赛事达成战略合作协议，充分利用西藏独特的高原山地资源，重点打造环珠峰国际山地自行车赛、西藏山地定向挑战赛等品牌赛事，推动体育与文旅深度融合。另一方面，集团坚持贯彻"走出去"方针，主动"筑巢引凤"，吸引区内外社会资本共建文旅金融合作平台。经过多方努力，集团联合建设了西藏首支市场化运作的文旅产业基金，基金首期规模 10 亿元，主要被投向独具特色和发展潜力的区域文旅龙头企业，为西藏文旅产业跨越式发展提供金融助力。迄今为止，该基金已投资文旅项目 20 余个，撬动社会资本超 50 亿元，在西藏文旅投融资领域树立了标杆。

在完善区域利益协调机制方面，西藏文投集团注重在"共商、共建、共享"中深化区域协同，形成了一套行之有效的利益协调机制。一是建立多层次沟通协商机制。定期召开区域文旅联席会议，协调区域重大文旅项目开发、营销推广等事项，并围绕景区票务分成、旅游线路设计等具体问题开展专题协商，及时化解分歧矛盾。二是健全成本分担和利益分享机制。在区域联合开发的文旅项目中，按投资比例或约定条件合理分担建设成本，科学测算项目综合收益，按一定比例在项目所在地和各投资主体之间进行分配。同时，建立风险共担机制，各主体按出资比例和风险发生的原因承担风险损失。三是促进各类生产要素在区域间优化配置。鼓励区域联盟成员单位在人才、技术、品牌等领域加强合作，推动文旅专业人才在区域间双向流动，共同组织策划宣传推广活动，在资源共享中实现互利共赢。正是得益于完善的利益协调机制，西藏文投集团成功实现了若尔盖草原景区、四姑娘山景区等一批跨区域文旅项目的落地建设，使西藏与周边省区成为你中有我、我中有你的文旅产业发展共同体。

四、资源激活与融合

青藏高原积淀了灿烂的雪域文明，孕育了瑰丽的高原风情，拥有举世无双的旅游资源。但由于受到地理环境、经济基础等方面的制约，一些独具魅力的文旅资源尚未得到很好的开发利用，跨区域文化旅游品牌培育之力。对此，西藏文投集团立足西藏深厚的文化根基，着眼区域文旅发展大局，"走出去""引进来"并举，坚持在文旅资源整合中彰显文化价值，打造叫得响、留得住的区域文旅IP，为高原文旅注入文化灵魂。

拉萨是古代西藏的政治、经济、文化中心，素有"圣城明珠"的美誉。布达拉宫、大昭寺等寺庙古迹名扬四海，藏戏、藏茶等传统文化独具魅力。近年来，为把这些珍贵的文化资源优势转化为产业发展优势，西藏文投集团重点打造环拉萨精品文化旅游路线。联合拉萨、林芝等地，对拉萨、墨竹工卡、鲁朗、波密沿线的寺庙、特色村落进行连线成片开发，举办"圣城之夜"文化旅游节等系列主题活动，将藏族传统文化融入景区开发、活动展演、文创研发等环节，打造独具高原特色的中国西部文化旅游品牌。沿线的药王山文旅小镇就是集团盘活沿线遗存资源、发展文化体验经济的一个缩影。小镇由集团注资 3 亿元精心打造，园区内汇聚藏医药浴、藏药制作等 20 余个非遗项目，拥有从事藏香、藏陶制作等手艺的能工巧匠 100 余名。传统的藏式生活体验、现代时尚的旅游休闲完美对接，厚重与时尚在这里交相辉映，使这里一跃成为西藏都市休闲度假的网红"打卡地"。

滇藏茶马古道是古代中国西南民族地区与西藏地区政治、经济、文化交流的重要通道。千百年来，汉藏民族沿着崎岖蜿蜒的茶马古道互通有无，用一匹匹骡马驮来了茶叶丝绸，驮走了国药珍宝，也传播了中华文明。为唤醒沉睡千年的茶马记忆，弘扬中华民族团结互助的精神，西藏文投集团与云南省旅游投资有限公司牵手打造环滇藏茶马古道文化旅游带，重点围绕德钦、芒康、左贡等地，对遗存的驿站、古村落等历史文化遗存进行修缮活化，融入藏彝文化元素，策划"重走茶马路""非遗进景区"等文化体验项目，生动再现茶马古道的历史风貌。2019年，集团还与云南白药集团股份有限公司达成协议，借助其在医药健康领域的品牌优势，共同开发以藏药、彝药等本土中药材为主题的文化旅游康养产品，进一步拓展了茶马古道的文化内涵和旅游价值。

五、资源整合效果

在西藏文旅品牌塑造方面，西藏文投集团着眼于讲好西藏故事、传播好西藏声音，着力提升藏地文化旅游的国际影响力。近年来，集团持续办好西藏文化旅游节、西藏艺术节等文化节庆活动，依托深厚的雪域文化底蕴，创新性开发了大型音乐舞蹈史诗《金珠玛米》等一批叫得响的文旅演艺精品，让藏族文化魅力焕发出时代光彩。集团还成功运作入围国家公共文化服务体系示范区（项目）的拉萨文化广电艺术中心，该中心是西藏规模最大的文化艺术殿堂，每年举办各类演出、展览300余场，年接待观众突破100万人次，极大地丰富了市民的文化生活，提升了拉萨的城市文化品位。西藏文投集团一系列扛鼎之作，让高原雪域的灿烂文明惊艳亮相国际舞台，同时也让西藏文化旅游品牌熠熠生辉。

循着"一带一路"的文化脉络，西藏文投集团与周边省区同仁携手，积极构建起川藏青甘毗邻区域文化旅游产业协同发展新格局。环西部知名景区的区域协作大环线的形成，就是跨区域文旅资源整合的一个生动缩影。作为区域协作的牵头方，西藏文投集团联合四川、青海、甘肃等省的文旅企业，以G318、G109、青藏铁路、川藏公路等黄金旅游路线为轴线，以稻城亚丁景区、色达佛学院、塔尔寺、青海湖、纳木错等景区为支点，共同打造了西南地区首条精品自驾游环线。沿线各大景区在旅游产品设计、联票服务、营销推广等方面实现了无缝对接，区域内吃、住、行、游、购、娱要素加速流动，一体化服务水平大幅提升。2019 年，环线内共接待游客 2100 万人次，实现旅游总收入 286 亿元，极大地带动了区域经济社会发展。可以说，西藏文投集团所倡导的区域文旅协作共赢之路，为西藏周边省区探索文化和旅游更高质量一体化发展提供了路径指引和实践样本。

奋进新时代，西藏文旅产业站上了新的历史起点。立足高质量发展新阶段，西藏文投集团坚持以创新驱动发展，积极顺应文旅产业数字化、网络化、智能化发展趋势，以数字技术推动产业链、供应链、价值链深度重构。2018 年，集团投资组建了西藏文旅云科技公司，旨在打造西藏文旅产业数字化运营平台。平台已上线运行智慧博物馆、智慧景区、智慧酒店等20 余个数字化应用场景，初步形成了集中统一的 SaaS（software as a service，软件运营服务）服务能力。新冠疫情期间，平台还推出"云游西藏"服务，利用 VR 全景、视频直播等方式，为旅行社提供"云导游"产品，让人们足不出户就能畅游西藏，进一步激发了"云上西藏游"新需求。2020年，西藏文旅云科技公司实现营业总收入 1.5 亿元，服务景区、酒店超过200 家，为西藏文旅产业数字化转型开辟了新赛道。未来，该公司将加快建设西藏文旅产业大脑，助力西藏全域旅游和现代服务业提质增效，为西藏文化旅游高质量发展插上腾飞的科技之翼。

第五章

西藏文旅资源整合的建议与思考

第一节 对策建议

随着《中华人民共和国国民经济和社会发展第十四个五年规划和2035年远景目标纲要》的贯彻实施，西藏文旅产业发展正面临难得的历史机遇。党中央、国务院高度重视文旅融合，作出了一系列重大决策部署。《国务院关于促进旅游业改革发展的若干意见》明确要求拓展旅游发展空间：积极发展休闲度假旅游；大力发展乡村旅游；创新文化旅游产品；积极开展研学旅行；结合养老服务业、健康服务业发展，积极开发多层次、多样化的老年人休闲养生度假产品。这为西藏发展全域旅游、打造国际一流旅游目的地指明了方向。然而，不容忽视的是，西藏文旅资源要素尚未得到优化配置，文旅产业融合发展的深度有待进一步挖掘。推进文化和旅游深度融合，打造文旅产业发展新业态，已成为新时代西藏文旅产业转型升级的迫切要求，也成为增强西藏文旅产业核心竞争力、助力经济高质量发展的关键所在。

在此背景下，西藏如何立足生态优势，深挖文化底蕴，创新整合文旅资源，培育一批具有核心竞争力的市场主体，成为"十四五"时期全区文化和旅游高质量发展的一项重大课题。

本书遵循习近平新时代中国特色社会主义思想，立足西藏特色资源禀赋，以问题和目标为导向，以文旅企业为研究对象，提出并论证了一套较为完整的西藏文旅资源优化配置的分析框架和实现路径。

本书以企业资源融合作为切入点，从微观视角剖析了西藏文旅资源整合的路径选择。

主要观点如下：面对新发展阶段对文旅产业发展提出的新要求，充分发挥企业主体作用，推动文旅企业间要素资源高效融合，是突破瓶颈、推动西藏文旅产业提质增效的关键所在。

一、文旅企业加强资源整合

西藏文化和旅游资源底蕴深厚、类型丰富，但分布相对分散，不同区域、不同景区的资源特色各异，文旅企业单打独斗不仅产生不了规模效应，而且难以应对跨区域发展、提升核心竞争力的需求。为此，西藏亟待通过组建文旅企业战略联盟，发挥龙头企业引领带动作用，建立契约型、共享型联盟组织，推动文旅资源、人才资本、营销渠道等生产要素跨区域、跨业态流动配置，实现优质资源的有效整合。一方面，利用联盟搭建的资源共享平台，推动文旅企业错位发展、互利合作、抱团发展，在联合采购、专业分工、标准制定等领域达成合作共识并形成利益共同体；另一方面，利用联盟搭建的交流合作平台，促进企业间在品牌、人才、技术、营销等要素上的深度对接，通过强强联合、以大带小，不断提升文旅产业的整体竞争实力和品牌影响力，助力西藏打造面向全球的世界级区域文旅中心。

西藏文旅资源丰富而分散的特点，决定了企业单打独斗难以形成产业发展合力。通过组建文旅企业战略联盟，在更广阔的区域范围内整合资源禀赋各异、业态门类互补的文旅企业，能够有效实现文旅资源的化零为整，显著提升资源优化配置水平和综合效益。一是在同质竞争中寻求错位发展，通过资源优势互补，延伸拓展文旅产业链条；二是在市场竞争中形成利益共同体，通过联合开发、捆绑营销，提升区域整体竞争实力；三是在应对风险挑战中共克时艰，通过抱团发展，提升文旅企业的抗风险能力。

二、西藏文旅资源整合优化

当前，以国内大循环为主体、国内国际双循环相互促进的新发展格局正加快构建，为西藏更好地融入全国文旅产业分工、提升在区域合作中的话语权和主导权提供了难得的机遇。本书立足新发展阶段西藏文旅产业发展的阶段性特征，选取了若干具有示范引领意义的文旅企业案例，有针对性地分析了不同类型企业在文旅资源整合中面临的突出问题、采取的创新举措及取得的实践成效，进而提炼出以下三条优化路径，为西藏文旅产业高质量发展提供实践指引。

（一）政企联动，创新文旅扶贫资源整合机制

打赢脱贫攻坚战后，中央明确要求推动脱贫攻坚与乡村振兴战略有效衔接，其中产业振兴是重点任务和关键举措。发挥西藏特色资源优势，以文化旅游为切入点带动农牧区产业发展，是助推乡村振兴、增进民生福祉的重要抓手。对此，西藏国际旅游文化投资集团有限公司的探索实践给出

了有益启示。作为立足文旅扶贫的社会企业，该公司充分发挥品牌、人才、资金等优势，与区、市、县政府通力合作，精准对接国家和自治区文旅扶贫政策，以龙头企业为引领，以农牧民合作社为纽带，广泛吸纳农牧民参与文旅扶贫全过程，形成"党委政府推动、公司主体运作、合作社桥梁纽带、农牧民积极参与"的多元协同发展机制，走出了一条共建共享、多方共赢的产业扶贫路子。一方面，通过"公司+合作社+农牧户"的利益联结机制创新，调动农牧民参与旅游开发建设的内生动力，让农牧民更多分享产业增值收益；另一方面，发挥示范引领和辐射带动作用，以龙头企业联农、带农，促进当地农畜产品、劳动力、资金等要素跨界配置和高效利用，切实把资源优势转化为产业优势、经济优势和民生福祉，为西藏乡村振兴积累了可资借鉴的经验。

（二）科技赋能，探索智慧文旅资源整合新模式

当今时代，新一轮科技革命和产业变革方兴未艾，以数字化、网络化、智能化为特征的智慧文旅发展大潮席卷全球。为顺应这一趋势，西藏雪域科技公司应运而生，成为引领西藏文旅产业数字化变革的排头兵。凭借数字化普查、智能分析、沉浸式体验等核心技术优势，雪域科技为布达拉宫景区、纳木错景区等提供智慧文旅综合解决方案，以智慧景区、数字博物馆、智慧酒店等新型文旅业态为抓手，实现文旅资源数字化采集、网络化整合、智能化应用，推动传统景区向智慧化、体验式转型升级，为游客提供更加便捷、更富吸引力的沉浸式文旅体验。与此同时，雪域科技积极搭建"旅游+"数字化服务平台，对文旅产业链进行数字化重构，推动文化、旅游与互联网深度融合发展，初步形成上下游紧密衔接、线上线下

协同发展的数字文旅产业生态，充分展现智慧文旅引领传统文旅转型升级的巨大潜力。雪域科技的探索实践表明，推动文旅产业数字化、网络化、智能化，运用现代信息技术手段赋能文化和旅游要素资源，是推动文旅供给提质扩容、产业结构优化升级的战略选择。未来，西藏还应进一步强化数字化发展、智能化水平在文旅企业资源整合中的驱动作用，推动云计算、大数据、人工智能等现代信息技术同文化、旅游、体育、康养等业态加速融合，让沉睡的文旅资源活起来，焕发更大价值，成为西藏高质量发展的新引擎。

（三）主动融入，开创区域文旅资源整合新局面

新时代，新征程，必须立足党中央对西藏工作的战略谋划，主动服务和融入国家发展大局，坚持以开放促改革、促发展，推动文化旅游走向更加开放、更可持续的高质量发展轨道。对此，西藏文投集团的实践探索给我们以深刻启示。作为西藏最大的文化产业投资运营集团，西藏文投集团多年来坚持生态优先、绿色发展，主动对接国家重大区域发展战略，与青海、四川、云南等周边省份广泛开展文旅资源整合与产业协作，共建环羌塘环线、川藏环线等跨省精品文化旅游线路，推动环西部知名景区的区域协作大环线建设，携手打造具有显示度和影响力的区域公用品牌，走出了一条互利互惠、共建共享的区域协同发展路子。在更高层面，西藏文投集团还积极参与共建"一带一路"，深化与南亚、东南亚地区的人文交流，建立各国文化旅游部长会晤机制，着力打造面向南亚、辐射东南亚的国际文化旅游交流中心。西藏文投集团的探索实践表明，推动文旅资源整合，必须立足全国一盘棋，推动各地区在文旅领域的分工协作和优势互补，统筹国内国际两个大局，聚焦"一带一路"文旅合作，以高水平开放推进高质量发展。未来，西藏应进一步加强同周边省区文旅资源的互联互通，推动形成区域文旅一体化发展新格局；进一步深化同周边国家和地区的务实合作，打造连接南亚、辐射东南亚的区域文旅开放发展高地。

第二节 研究展望

本书基于企业资源整合视角，围绕西藏文旅资源整合面临的主要问题、关键机制及优化路径，进行了系统梳理和深入分析，取得了一些有价值的研究发现，但仍存在一些问题，有待在未来研究中进一步解决。

一、拓展研究视角

本书主要基于企业资源整合理论，分析了企业主导下西藏文旅资源整合面临的主要问题、关键机制及优化路径。这一研究视角有一定的局限性。未来研究可进一步拓展理论视角，综合运用产业组织理论、利益相关者理论、社会网络理论等，深入剖析西藏文旅资源整合的利益格局和演变规律。引入比较优势理论、新经济地理学等空间经济学理论，分析西藏区位、资源、产业基础等方面的比较优势，优化区域文旅资源整合的空间布局。运用文化经济学、旅游经济学理论，厘清文化资本、旅游资本的价值规律和运行机制，为提升西藏文旅资源整合的效率、效益提供理论指引。

此外，随着现代科技与文化、旅游加速融合，数字经济时代文旅产业发展呈现出许多新特点、新趋势。未来研究要顺应智慧文旅发展大势，加强对西藏文旅资源数字化采集、网络化共享、智能化利用的规律的认识。引入平台经济和共享经济理论，研究数字平台推动文旅资源跨界整合的机理和路径。加强对文化资源数字化生产、传播的理论阐释，丰富数字时代文旅产业发展的学理支撑。

（一）跨学科交叉研究视角

文化和旅游具有高度的关联性，亦与经济、政治、社会等诸多领域息息相关。新时代对西藏文化和旅游发展提出了许多新问题，需要运用经济学、政治学、人类学等多学科知识，开展跨学科交叉研究。未来，要进一步加强文旅产业发展的经济学研究，重点围绕现代产业体系构建、新发展格局塑造等，分析阐释文旅与西藏现代化经济体系的关系；要深化文旅发展的政治学研究，重点围绕铸牢中华民族共同体意识，阐释文旅在增进各民族交往、交流、交融中的独特作用；要拓展文化遗产保护传承的人类学研究，围绕加强文化认同、增强文化自信，阐释西藏优秀传统文化的当代价值。总之，要坚持理论联系实际，推动多学科知识在西藏文旅资源配置研究中的创新运用，以"大文旅"理念审视西藏文化和旅游发展的方方面面。

（二）全球化与区域化并重视角

随着"一带一路"倡议的纵深推进，"一带一路"倡议下的人文交流合作已成为各国增进理解互信、深化务实合作的重要平台。未来，要立足国内、国际两个大局，坚持全球化与区域化并重视角，深入开展西藏参与

"一带一路"文化和旅游合作的理论探索。要聚焦大通道建设，研究西藏与周边国家、地区在文化交流、旅游合作等领域的资源禀赋和互补优势，以文旅资源的互联互通增进民心相通。要发挥西藏连接南亚、辐射东南亚的区位优势，研究探索与周边国家共建文化旅游经济走廊的思路举措，推动西藏由"沿边地区"向"开放前沿"转变。同时，要立足国内区域协调发展大局，围绕西部陆海新通道建设，研究西藏在国内区域文旅资源整合中的地位作用，推动西藏与川渝滇陕青甘毗邻省区在文旅领域的深度合作，打造祖国西部文化和旅游融合发展的"样板间"。

（三）可持续发展视角

习近平总书记指出，要站在保障中华民族生存和发展的历史高度，坚持对历史负责、对人民负责、对世界负责的态度，抓好青藏高原生态环境保护和可持续发展工作。立足新发展阶段，走高质量发展之路，必须树立尊重自然、顺应自然、保护自然的理念，坚持生态优先、绿色发展。未来，要充分利用西藏的研究基地作用，掌握西藏文化和旅游资源开发的生态环境承载力信息，探索文化和旅游可持续发展的科学路径，为子孙后代留下金山银山、永续发展的"无价之宝"。要围绕"创新、协调、绿色、开放、共享"的新发展理念，以系统观念审视西藏特色资源、生态资源、文化资源的内在联系，研究阐释人与自然和谐共生的时代命题。要从维护国家生态安全的战略高度，研究探索"十四五"时期西藏生态文明建设的目标任务、重点领域和政策举措，推动形成青藏高原生态文明建设新局面，为西藏长治久安和长足发展提供有力支撑。

二、深化案例分析

本书选取了若干西藏典型景区、文旅企业的资源整合案例，分析了资源整合的特点、机制和成效。受篇幅所限，所选案例的代表性还不够，覆盖领域、层次、类型等还有待扩展。未来的研究一方面要进一步扩大案例选择范围，兼顾不同区域、不同所有制、不同业态的文旅企业，开展更具说服力的案例分析；另一方面要创新案例研究方法，在案例描述的基础上，加强案例比较研究，提炼不同类型文旅企业在资源整合中的共性规律，在静态研究的基础上，强化案例的动态跟踪研究，揭示文旅资源整合的演变趋势和规律。案例分析是管理学研究的重要方法，对于把握企业资源整合的实践逻辑、提炼普适性规律具有重要意义。未来，要进一步拓展案例研究的广度，挖掘案例研究的深度，在典型引路、示范带动中彰显西藏文旅资源整合的实践伟力。

（一）增加典型案例数量

案例研究要求选取有代表性的典型案例作为研究对象。本书所涉及的案例数量相对有限，难以全面反映西藏文旅资源整合的多样化探索实践。未来，要进一步扩大案例选取范围，在梳理总结大量案例的基础上，优中选优，以点带面，力争通过典型案例分析，阐释西藏文旅资源整合的一般规律。要注重案例的地域代表性，重点选取那曲、阿里、昌都等文旅资源富集但开发程度较低的地区，分析总结其在文旅扶贫、乡村振兴中的生动实践。要注重案例的业态代表性，围绕文化演艺、旅游康养、文创研发等新兴业态，选取一批体现文旅融合发展的创新案例。要注重案例的示范引领性，选树一批在文旅资源整合中体现新发展理念、助推高质量发展的标杆性企业，以领跑者的力量带动更多文旅企业主动作为、奋发进取。

（二）挖掘案例分析深度

案例研究的生命力的强弱在于对案例进行剖析透视的程度和规律提炼的成功与否。未来，要在梳理案例基本事实的基础上，进一步加强对案例的理论分析，不断提升案例研究的理论品位和学术价值。要坚持理论与实践的辩证统一，在文旅企业的生动实践中去伪存真、去粗取精，使案例分析过程成为理论创新的过程。要立足新时代文旅高质量发展的时代主题，对标文化产业、现代服务业发展的国内外一流标准，开展案例的比较分析，找出差距不足，明晰改进方向。要聚焦文旅资源整合的关键环节，在识别选择、汲取配置、激活融合等环节的案例分析中，着力阐释资源要素的优化组合规律，总结推动文旅融合发展的普适性经验。同时，要加强案例的社会效益、生态效益评价分析，立足新发展理念，以高质量发展的评判标准审视西藏文旅资源整合成效。总之，要通过加强案例分析的规律性、科学性，不断夯实西藏文旅资源整合研究的理论根基，以小见大，以典型示范推动西藏文旅产业实现创新发展、转型升级。

（三）开展案例比较研究

随着区域协调发展战略的深入实施，西藏与其他地区在资源要素流动配置、产业有序转移等方面的协同关系日益紧密。未来，要在做好西藏本土案例研究的同时，开阔与区外标杆城市、企业的比较视野，开展跨区域案例比较研究。一方面，要以国内发达地区文旅产业发展的标杆城市、领军企业为参照，对标先进找出差距，加快西藏文旅产业发展理念、方式、路径等方面的革故鼎新。另一方面，要立足国际视角，选取与西藏地缘相近、文化相亲的国家和地区，研究分析其在文化遗产保护传承、生态旅游发展等领域的典型经验，找到契合西藏实际的合作路径。此外，要建立完善文旅资源整合案例的数据库，对各地文旅资源整合的规模结构、布局导向、融合路径等进行系统比较，找出共性和特色，为西藏文旅资源整合实践提供有益借鉴。总之，要通过国内和国际视野，拓展西藏文旅资源整合的实践分析，在交流互鉴中补齐西藏文旅产业发展的短板，加快构筑西藏文化软实力和旅游产业竞争力新优势。

同时，可以选取国内外知名文旅企业跨界整合资源的生动案例，比如华侨城集团开发文化主题公园、欢乐谷集团打造室内娱乐品牌等，进行有益借鉴和启发性研究。放眼全球，迪士尼公司、环球影城等国际知名文旅品牌的发展历程，也为西藏文旅资源整合提供了宝贵经验，值得专题研究、学习借鉴。

三、加强理论创新

本书基于企业资源整合理论，对西藏文旅资源整合的微观机制进行了探索，具有一定的理论创新之处，但这一理论分析框架还有待进一步完善。一方面要坚持问题导向，紧扣西藏文旅资源整合的突出矛盾和发展瓶颈，提炼新的理论命题和观点，挖掘理论的深度。如围绕文旅资源产权界定、流转交易、收益分配等问题加强理论阐释，为厘清文旅资源产权关系提供学理支撑。另一方面要坚持底线思维，主动回应文旅资源整合中出现的新情况、新问题，加强对文旅资源整合负面效应的理论分析，为文旅资源保护与开发、经济效益与社会效益的平衡提供理论指导。

　　未来研究要进一步完善企业资源整合理论在西藏的应用。要立足西藏独特的自然禀赋、人文积淀，充分吸收文化产业、旅游管理、区域经济等相关领域的最新研究成果，提炼西藏文旅资源整合的一般性理论。要坚持理论联系实际，围绕"文旅＋""旅游＋"等资源整合的新业态、新模式，加强对文旅资源与其他产业融合发展规律的理论概括。针对数字文旅、智慧景区等新业态，要加快构建数字时代文旅产业发展的理论分析框架。

　　此外，要加强中国特色新型智库建设，发挥西藏文化和旅游发展智库的咨政建言作用。通过课题研究、专题调研、院地合作等方式，围绕资源整合中的重大理论和实践问题，开展专题攻关，提供高质量的决策咨询服务。同时，搭建产学研用协同创新平台，促进理论研究与实践探索良性互动，提高文旅资源整合研究的应用性、实效性。

结　语

随着全面建设社会主义现代化国家新征程的开启，中华民族伟大复兴进入了不可逆转的历史进程。立足当前、着眼长远，增强文旅资源整合研究的前瞻性，是立足新发展阶段、贯彻新发展理念、构建新发展格局的必然要求。西藏正处在全方位推进高质量发展的关键时期。推动文化事业繁荣发展，加快建设国际一流旅游目的地，是新时代西藏现代化建设的重大任务。推进西藏文旅资源整合，关乎文化软实力的凝聚和彰显，关乎满足人民群众日益增长的对美好生活的需求，是新时代西藏现代化建设的一项系统工程。必须坚持以习近平新时代中国特色社会主义思想为指导，深入贯彻党的二十大精神，完整、准确、全面贯彻新发展理念，坚持以人民为中心，坚持守正创新，加快构建现代文旅产业体系，推动西藏文化事业和文化产业高质量发展。笔者相信，随着新发展理念的深入人心，现代文旅产业体系的加快构建，西藏文化软实力、中华文化影响力必将进一步提升，雪域高原上必将涌现更多世界级文旅品牌。神奇秀美的青藏高原，必将成为融汇东西方文明、沟通世界各国人民的重要枢纽，必将在与现代文明的交流互鉴中焕发出更加夺目的时代光彩。